MANIFESTE DU CONGRÈS

DE LA

Renaissance Républicaine

Publié par *LES DROITS DE L'HOMME*

LE 21 JUILLET 1912

Le malaise politique si vivement ressenti par tous les vrais républicains, aux heures troubles que nous traversons, est déterminé par deux ordres de faits :

La confusion, l'incohérence de l'action des gauches ;

La méfiance, la désaffection du peuple trop souvent trompé, trahi par ses élus.

Un grand devoir s'impose à tous ceux qu'anime sincèrement l'esprit démocratique, à tous ceux qui aiment la République pour elle-même, pour ses vertus et pour son idéal, à tous ceux qui cherchent dans la politique autre chose que des faveurs, des mandats ou des places.

Sans plus attendre des parlementaires un signal qui ne viendra pas, ces républicains doivent aujourd'hui sortir de la réserve qu'ils ont trop longtemps gardée pour entrer délibérément en bataille.

Pour faire cesser la confusion, et grâce à la R. P. enfin votée (1), ils obligeront chaque parti dans le pays et, dans chaque parti, chaque homme à prendre la place que lui assignent ses déclarations, sa profession de foi, son programme.

La volonté qu'ils ont de consolider les victoires de la société civile sur le cléricalisme, d'une part ;

Leur ardent amour de la Patrie, de l'autre ;

Enfin, leur dédain d'un bruyant et stupide chauvinisme, leur mépris des patriotes d'affaires et de finance qui couvrent du drapeau national le plus cupide des internationalismes, leur confiance dans l'organisation future de la Paix par le droit, les rattachent — MALGRÉ TOUT — au Parti radical-socialiste.

Dans ce parti, dont ils ont hâte de voir revivre les pures traditions sociales, ils adresseront sommation d'avoir à se grouper ailleurs aux partisans d'une politique inspirée par la théorie dite « libérale », qui n'est au fond que l'anarchie du « laisser faire » mise au service des intérêts capitalistes.

Sans sacrifier quoi que ce soit à l'« apaisement » clérical, ils feront attribuer enfin la première place, celle qu'elles méritent, aux questions économiques, dans les préoccupations et dans l'action des républicains.

L'homme qui a domestiqué toutes les forces de la Nature ne peut pas, ne doit pas rester impuissant en face de forces sociales, prétendues naturelles, en réalité odieusement, sauvagement amorales.

La société a le devoir de mettre fin à l'anarchie économique. Elle n'a pas plus le droit de se désintéresser de la vie matérielle que de la vie morale de ceux qui sont ses créateurs de richesses et ses soldats, de celles qui sont des créatrices de vie et ne sont pas encore citoyennes.

L'intérêt général doit primer, DANS LES ACTES, tous les intérêts particuliers ; les besoins humains doivent pri-

---

(1) Notons, toutefois, que, malgré leurs très vives préférences à cet égard, les rédacteurs de ce manifeste n'ont jamais considéré la R. P. comme un dogme intangible, et que de nombreux majoritaires républicains sincères qu'eux, ont adhéré au Congrès.

mer tous les intérêts matériels. La machine, conçue par le cerveau de l'homme, est faite pour lui : l'homme n'est point fait pour la machine.

Ce sont là les idées qui ont toujours caractérisé le programme économique et social du radicalisme socialiste ; ce sont ces idées abandonnées par les radicaux au fur et à mesure que l'effort populaire les portait au pouvoir, qu'il s'agit de ranimer, de propager et de défendre.

Enfin, ces jeunes exigeront des élus — pour l'existence même de la République — le respect de la signature et de la parole données.

La confiance populaire, base des régimes représentatifs, est proportionnelle à la conscience des mandataires.

Aussi dénonceront-ils implacablement ceux des politiciens — de tous les partis et du leur — dont l'absence de conscience morale, les palinodies et les trahisons ont d'abord causé l'indifférence et la désaffection du prolétariat, puis semé dans ses rangs des ferments de rancœur et de haine.

Ils diront plus particulièrement leur mépris des corrompus et des corrupteurs, des provocateurs mouchards et de ceux qui les stipendient.

Ils démontreront à ceux qui les taxent ironiquement d'idéalisme chimérique que l'idéal vécu par chacun est la seule garantie certaine des « réalisations » sociales.

Par la loyauté !

Pour la République !

☩ CONGRÈS

DE LA

Renaissance Républicaine

TENU A PARIS, DANS LA SALLE DU GLOBE

8, Boulevard de Strasbourg, 8

Les 29 et 30 Décembre 1912

LA PREMIÈRE JOURNÉE

SÉANCE DU MATIN

Dès neuf heures, la vaste salle du Globe est envahie par la foule des congressistes. Les militants des Jeunesses républicaines et des Jeunesses laïques sont tous là. Un grand nombre de membres du Comité exécutif du parti radical et radical-socialiste, du comité de propagande radicale-socialiste, s'entretiennent des événements récents. Nous reconnaissons les citoyens Paul Virot, conseiller municipal ; Louis Dumont, Douzet, Jules Durand, du comité de propagande radicale-socialiste ; Bergeron, secrétaire général du collège des sciences sociales ; Le Châtelier, professeur au collège de France ; Ch. Briand, rédacteur en chef du *Rappel* ; Robert-Louis, du *Radical* ; Guieysse, Chauffour, président, et Guiffard, secrétaire de l'Union démocratique pour l'éducation sociale ; Paul Brulat, Bokanowski, Gaston Gros, du Comité exécutif ; Aveline, Toubiana, G.-A. Hubbard, ancien député ; J. Benoît-Lévy, Pinchon, des Jeunesses républicaines ; S. Cornut, Grundigneaux, du parti radical ; G. Cadier, directeur de la *Fraternité des Deux-Sèvres* ; W. Bertrand, directeur du *Journal de Marennes* ; Robert Nanteuil, directeur d'*Armée et Démocratie* ; général Godard.

Discours d'ouverture

A neuf heures et quart, notre ami Edmond Bloch, secrétaire général de la Renaissance républicaine, ouvre les travaux du congrès. Sur la tribune ont pris place avec lui : notre directeur, Paul Hyacinthe Loyson ; Ripault, président de la J. R. du cinquième arrondissement, vice-président de l'Union des Jeunesses ; Georges Bussacq, avocat à la cour ; Martin-Mamy, du Comité exécutif du parti radical et radical-socialiste, rédacteur en chef de la *République de l'Oise* ; Gustave Marcuil, directeur de l'*Action républicaine de Meaux*.

EDMOND BLOCH, après avoir salué les congressistes, expose les raisons qui ont déterminé les militants amis des *Droits de l'Homme* à réunir ce congrès :

La République, dit-il en substance, traverse une crise plus dangereuse que les précédentes. Nous assistons au recul de nos idées, au succès toujours plus grand, surtout dans la jeunesse, des menées réactionnaires et anarchistes.

Les adversaires de l'esprit républicain se trouvent à l'intérieur même de la citadelle républicaine. Le pays ne comprend plus ce que les parlementaires font et les parlementaires ne savent plus, semble-t-il, ce que veut le pays.

Il y a un immense malentendu entre le pays et le pouvoir. Le peuple pense que la majorité des Chambres est acquise au programme de défense laïque et sociale du parti républicain ; or, la réaction cléricale et conservatrice a plus d'influence que jamais, de prétendus socialistes et radicaux-socialistes se montrent aux affaires plus « modérés » que certains « progressistes ».

Pour mettre fin à cette *dangereuse* incohérence, il faut préciser la doctrine républicaine. Il faut, d'un côté, repousser les libéraux du camp des interventionnistes en matière économique, d'autre part, exiger que les élus restent fidèles au programme dont ils se sont réclamés. La crise de la conscience amène une crise de la confiance et met en péril le parlementarisme.

Nous devons donc préciser notre programme et prendre nos dispositions pour le faire respecter.

C'est le double but que nous nous proposons... (Vifs applaudissements.)

LES IDEES ECONOMIQUES DU RADICALISME-SOCIALISTE

Etude Historique

RAPPORT DE M. G. BESSACQ

Le parti radical a vu se produire devant lui une sorte de changement de front dans les questions d'ordre public qui sont l'objet même des fonctions gouvernementales ou des délibérations législatives. Jusqu'au moment de la loi de Séparation, les préoccupations premières étaient surtout, étaient presque exclusivement politiques. Le programme de laïcité intégrale absorbait le plus clair de l'activité du parti radical aussi bien dans les conseils du gouvernement qu'à la Chambre ou dans le pays. Aussi, quand le bloc de Waldeck-Rousseau et de Combes, un peu inopinément d'ailleurs, eut couronné le triomphe de l'Etat laïque en enlevant aux religions leurs derniers privilèges officiels, les questions laissées à l'arrière-plan, les problèmes pratiques, plus spécialement les problèmes économiques, passèrent en tête de l'ordre du jour. Désormais, c'est la question sociale qui allait tenir l'affiche, j'allais dire dans la comédie, non, dans la bataille des partis. C'est elle qui allait s'imposer aux soucis des dirigeants.

Les questions économiques passent au premier plan

Ajoutez qu'à cette évolution en quelque sorte accidentelle des programmes sur la scène parlementaire, à cette mise en avant brusque des problèmes sociaux pour remplir le vide causé par la sortie du problème religieux qui avait achevé précipitamment son rôle, ajoutez, dis-je, que correspondait, au même moment, une sorte de maturité, d'épanouissement et même d'explosion de cette question sociale qui avait grandi tout doucement au sein des faits de la vie industrielle, dans l'ombre des débats idéologiques et absorbants du problème religieux. Il y a eu là une sorte de coïncidence qu'un disciple de Bastiat ne manquerait pas de trouver harmonieuse entre les exigences économiques de l'heure et les nécessités politiques des partis. Mais surtout cette maturité du nouveau problème à l'ordre du jour a eu pour résultat de jeter d'un seul coup, dans l'arène législative et gouvernementale, tout le paquet des problèmes économiques. Leur urgence, le jour où ils ont émergé subitement au premier plan des préoccupations publiques, exigeait tout de suite, sur l'heure, des solutions d'ensemble répondant à une situation générale, alors que d'ordinaire les questions pratiques, à leur début, quand elles commencent seulement à se révéler, laissent le loisir d'expériences partielles multipliées qui permet tout à la fois et aux gouvernants de faire leur apprentissage et aux diverses solutions en présence de faire leurs preuves pour le jour où le problème se posera dans toute son ampleur. C'est là une situation dont il est simplement honnête et loyal de souligner les difficultés exceptionnelles.

Comment le radicalisme s'est-il comporté en ces circonstances dans son rôle de parti au pouvoir ?...

Le rapporteur, pour sa part, examine le point de savoir si le parti radical a su voir clair sur le terrain économique. S'est-il révélé capable d'abord de se trouver un programme de réformes sociales ?

Les congrès radicaux et les questions économiques

La réponse est facile à trouver. Elle est consignée tout au long dans le compte rendu des congrès tenus régulièrement chaque année par le parti depuis 1901. Et il m'a suffi de dépouiller ces annales officielles pour être en état de vous dresser une sorte de tableau synoptique des attitudes tout au moins théoriques du parti devant les différents aspects du problème économique.

Mais d'abord n'allons pas nous imaginer que le parti radical ait jamais essayé de ramasser dans une sorte de Credo ou de catéchisme la formule orthodoxe et définitive de son Evangile social. On reproche généralement au parti radical de n'avoir pas de programme. Pour ma part, j'avoue que c'est cette attitude qui lui vaut le plus clair de mes sympathies. Le socialisme peut inspirer les préférences sentimentales ; il console et en même temps il excite les révoltes nécessaires, avec son vaste panorama de paradis terrestre, son explication, d'un seul tenant, des phénomènes sociaux, harmonieux et ingénieux comme les systèmes classiques de la vieille métaphysique. Mais le radicalisme, lui, ne peut manquer de retenir l'estime intellectuelle, avec son absence d'hommes, de chefs, presque de discipline, accueillant avec empressement les moindres bonnes volontés, avec son programme fragmentaire, sans presque d'articles arrêtés dans le détail, définitifs, programme fait surtout de tendances générales et qui ne se précise qu'au fur et à mesure des possibilités de réalisation.

Le radicalisme me paraît là répondre tout à fait aux exigences de la méthode expérimentale, la seule qui soit de mise pour explorer le fouillis des phénomènes délicats et complexes de notre vie économique. Il a la même attitude que la science positive sur le terrain des phénomènes sensibles, laquelle, ouverte à tous les chercheurs, se contente de fixer un ensemble de résultats acquis sur la trame d'une hypothèse, d'une théorie toute provisoire, en perpétuel état de révision...

Ce qu'on peut donc plus facilement dégager dans l'attitude du parti radical devant les questions sociales, ce sont les *tendances*.

Georges Russacq, à l'aide d'un certain nombre d'extraits de congrès, résume ainsi ces tendances :

Les tendances radicales

Émancipation économique, œuvre aussi nécessaire que l'émancipation laïque et qu'il s'agit de poursuivre avec le même élan, la même conviction qui ont marqué les luttes anticléricales du parti, c'est ainsi qu'on peut définir le sentiment du parti à l'endroit de la question économique, tout au moins dans les déclarations officielles et dans les manifestations oratoires, innombrables, de ses congrès. Là encore on trouve l'idée maintes fois exprimée que le radicalisme économique ne le cédera en rien, pour la générosité et pour la hardiesse des réformes, au programme socialiste. Ne va-t-on pas, du reste, jusqu'à acclamer la perspective envisagée par Milhaud à Toulouse et par un vœu du congrès de Lille, de la disparition du salariat, et il finit tout juste par y avoir le principe de la propriété individuelle, et encore considérablement amendé par Chauvin à Dijon et Maujan à Lyon, pour marquer, grâce à Debierre, une différence appréciable entre les deux doctrines.

Voilà pour l'orientation générale.

Les idées

Mais il s'agit maintenant de préciser. Après les sentiments, les idées.

Quelle est d'abord l'idée maîtresse de ce programme ?

Un mot le résume et le définit : Justice sociale ! La préoccupation des radicaux devant l'inégalité des conditions est de rétablir l'équilibre en cherchant à diminuer la part de ceux qui ont trop et à augmenter la part de ceux qui n'ont pas assez. D'où : 1° déclaration de guerre à tous les privilèges ; 2° assurance d'aide fraternelle aux victimes de l'organisation actuelle.

Après avoir énuméré les différents articles du programme (financier, agricole, ouvrier), le rapporteur continue :

Reste une question :

Pratiquement, comment le radicalisme entend-il réaliser son plan d'émancipation des travailleurs ?

Les méthodes de réalisation

Sa conception est simple : la clef de voûte du système, c'est l'intervention de l'Etat. Le parti radical est avant tout INTERVEN-TIONNISTE. Et cela sous trois formes principales :

1° Intervention *législative* que résume très énergiquement la déclaration de 1901 : « Résolument hostile aux conceptions égoïstes de l'école du laisser faire... il garde sa personnalité en affirmant le droit de l'Etat d'intervenir dans les rapports du capital et du travail pour établir les conditions nécessaires de la justice. »

2° En second lieu, seconde forme de l'intervention de l'Etat, l'Etat doit aller jusqu'à se substituer au patronat pour *l'établissement des monopoles*, quand tout effort du propriétaire a cessé ou quand des richesses créées par tous ont été accaparées par quelques-uns, selon la formule de Chauvin à Dijon. « Nous sommes radicaux socialistes, dit encore Debierre lui-même, un des adversaires les plus résolus du socialisme, à Nantes, en 1909, si nous acceptons le passage dans le domaine social des grands monopoles privés, de ceux qui sont mûrs pour l'appropriation sociale, c'est-à-dire suffisamment concentrés pour qu'ils soient devenus le privilège et la proie d'une oligarchie d'archimillionnaires ».

La Déclaration de 1901 dit à son tour :

« La constitution d'une industrie de plus en plus centralisée, l'accumulation de plus en plus puissante, entre les mains d'une infime minorité, de capitaux dominateurs, ont aggravé pour l'ouvrier le péril de son isolement. La réaction a tout livré à quelques milliers de privilégiés : mines, chemins de fer, crédit. En affirmant à nouveau son intention expresse et formelle de faire rentrer dans le domaine de l'Etat la plupart des industries monopolisées au fur et à mesure que l'intérêt général du pays, le souci de sa défense nationale, les besoins de sa production industrielle et agricole l'exigent, notre parti n'hésite pas à proclamer en même temps sa volonté de prendre législativement les mesures susceptibles de protéger la faiblesse des travailleurs devant la toute-puissance des capitaux. »

Les communes, bien entendu, doivent suivre l'exemple de l'Etat en ces deux matières d'interventionnisme, soit en organisant le marché du travail, soit en municipalisant ou exploitant en régies directes ou intéressées les services d'utilité municipale (Programme Debierre, à Nantes.)

Tous ces rapports, toutes ces déclarations, toute cette élaboration lente, continue et réfléchie de la pensée du parti en matière de monopoles s'est enfin cristallisée dans l'article 20 du programme du parti voté à Nancy en 1907.

« 20. — Le parti radical et radical-socialiste réclame la reprise par l'Etat des monopoles de fait, là où un grand intérêt l'exige, notamment :

« Pour rentrer en possession de grands services nationaux, qui exercent une influence décisive sur la production, sur la richesse du pays et sur sa défense en cas de guerre ; pour empêcher certains accaparements industriels de taxer à leur bon plaisir les travailleurs et les consommateurs ; pour trouver, dans les bénéfices que ces monopoles peuvent fournir, des ressources, soit pour le soulagement des contribuables, soit pour la réalisation des réformes sociales ;

« Il réclame particulièrement le rachat des chemins de fer et le monopole des assurances.

« De toutes façons, il entend protéger l'épargne publique contre les manœuvres de l'agiotage et de la spéculation. »

3° Le parti radical s'est enfin préoccupé de mettre la puissance de l'État au service des initiatives du prolétariat lui-même essayant de s'organiser pour la défense de ses intérêts dans le groupement professionnel du syndicat.

Au congrès de Nancy, au congrès de Dijon, à Rouen, à Nîmes, le parti radical revient sans cesse sur la question du droit syndical pour se déclarer partisan de son élargissement et plus particulièrement de l'extension des capacités du syndicat. Très nettement, il se met en travers de la réaction, qui ne songe à rendre le syndicat propriétaire que dans l'espoir de l'assagir ou, sinon, pour le ruiner sous les demandes de dommages-intérêts à l'occasion des grèves. Les radicaux n'acceptent que la responsabilité limitée du syndicat en matière de condamnation pécuniaire.

Le rapporteur achève son exposé par l'examen de la doctrine radicale sur le contrat collectif de travail, l'arbitrage obligatoire et le statut des fonctionnaires.

Après le programme, les actes

Il est indéniable que pareil programme, dont nous avons seulement indiqué les grandes lignes, porte dans ses flancs un avenir merveilleux d'émancipation économique pour le prolétariat et de justice sociale pour la nation. Nos aînés ne nous ont tout au moins épargné la recherche de formules générales. Ils ont dégagé avec éloquence les principes féconds qui suffiront amplement à nos devoirs immédiats d'action sociale comme à nos rêves les plus lointains d'humanité meilleure.

Mais cette justice une fois rendue à ceux qui nous précédèrent, une autre considération s'impose quand on a achevé la lecture du compte rendu des congrès radicaux et radicaux-socialistes. Quand on descend du sommet de ces déclarations théoriques pour abaisser son regard sur la terre à terre des réalisations, on ne peut manquer de s'étonner à l'hiatus énorme, au fossé si large qui sépare les résolutions hardies des militants dans les congrès et les réformes timides que

sont arrivés, dans les Chambres, à mettre sur pied les élus du parti.

Les lois protectrices du travail pas respectées

Vous vous rappelez, sans doute, au début de cette législature, le fameux discours de Lauche, déclarant la faillite de la législation protectrice des travailleurs. Vous n'avez pas oublié quelle impression profonde produisit sur tous les bancs de la Chambre, non pas le réquisitoire, mais la constatation navrée de cet ancien secrétaire de l'Union corporative des ouvriers mécaniciens. Avec des détails typiques, des exemples saisissants, pris en pleine réalité prolétarienne et que l'ancien ouvrier sut traduire avec toute l'émotion de souvenirs personnels, Lauche est venu montrer, entre vingt autres exemples de lois annihilées ou déviées de leur but primitif, que la prud'homie n'existait plus, que la loi de 1898 sur les accidents, la prohibition du travail de nuit pour les femmes et les veillées, la loi sur le repos hebdomadaire donnaient lieu aux déformations les plus scandaleuses des intentions poursuivies par le législateur.

Lauche avait constaté des effets. A la Faculté de droit, on nous a appris les causes. Vous n'avez qu'à suivre, à Paris, le cours de législation industrielle de Capitant, ou, à Lyon, celui de Pic, dont je saluais de haute autorité tout à l'heure. Leur enseignement à l'un et à l'autre, tous deux radicaux-socialistes, enseignement que vous retrouverez dans le cours sténographié de l'un et dans l'ouvrage classique de l'autre, leur enseignement, dis-je, peut se résumer en cinq propositions :

1° La République française est en retard, en fait de législation protectrice du travail, sur toutes les monarchies d'Europe, sauf l'Espagne. Et sur ce point la comparaison s'impose avec nos rivaux d'Allemagne, surtout quand on pense que les réactionnaires se plaignent des charges sociales qui écrasent notre commerce et notre industrie dans leur lutte contre la concurrence étrangère. Notre loi sur les accidents date de 1898 et nos retraites ouvrières de 1910. En Allemagne, les accidents ouvriers sont assurés depuis 1884, les maladies depuis 1887, la vieillesse et l'incapacité depuis 1889 !

2° Pour les quelques lois, récentes, que nous possédons, elles ont été hâtivement bâclées par la Chambre des députés ;

3° Le Sénat, dans ces projets boiteux, a supprimé les clauses les plus favorables aux ouvriers ;

4° La jurisprudence se fait un devoir — et elle a raison, d'ailleurs, les juges n'ont pas mission de suppléer à l'insuffisance du législateur — d'interpréter au pied de la lettre ces textes obscurs ou émasculés pour n'accorder aux travailleurs que ce qu'elle ne peut pas leur refuser ;

5° Enfin l'inspection du travail est impuissante, de par le petit nombre de ses agents et la multiplicité des chantiers et des usines, à assurer le respect de ces lois, ou plutôt du résidu législatif auquel aboutit la singulière collaboration du Parlement et de la justice.

Ce qui reste à faire

Voilà pour les réalisations. Maigres réalisations ! Mais que dire quand on évoque tout ce qui a été promis à la démocratie et tout ce qui reste encore à faire !

Et je ne parle pas seulement des idées plus ou moins généreuses simplement lancées dans les congrès.

Je ne citerai que deux de ces réformes : *Impôt sur le revenu.* Personne n'en parle plus depuis que les débats byzantins sur la R. P. ont remplacé dans le pays la théologie anticléricale pour le plus grand profit des politiciens de haut vol qui, ainsi, pendant que les militants s'escriment dans le duel des idées, ont tout le loisir de laisser se perpétuer, de mèche avec les puissances d'argent, derrière le décor des formules démocratiques, les traditions du conservatisme social. Et ce sont, pendant ce temps-là, les vieux impôts antidémocratiques de consommation qui continuent à aggraver pour le prolétariat, pour les familles nombreuses, la crise de la vie chère.

Statut des fonctionnaires. Et ici le péril du retard se complique, dans les projets eux-mêmes, d'une méconnaissance redoutable de la situation qu'il s'agit de régler. Les projets s'en remettent scandaleusement, pour la plupart des mesures à prendre, à des règlements d'administration publique ; deux points seulement ont paru mériter l'effort d'élaboration du législateur : le refus du droit de grève et une restriction au droit commun en matière d'association. Comme si on n'avait pas compris que ce qui est capital, pour un statut des fonctionnaires, ce n'est pas tant de réprimer la colère exceptionnelle des grèves, mais bien plutôt et avant tout de faire disparaître avec soin de la vie journalière des administrations les occasions et les habitudes d'injustice qui seules sont capables de provoquer, à la longue, la révolte des victimes. C'est de la mauvaise et inintelligente besogne, dangereuse pour la paix sociale, et qui rappelle les plus mauvais jours de nos gouvernements à poigne, que de négliger les causes pour ne s'en prendre qu'aux effets.

Le même oubli des principes et des promesses vient encore de se révéler fâcheusement, et cette fois au sein même du Comité exécutif, en pleine crise de la vie chère. Et je n'ai pas besoin d'insister sur le scandale d'un parti qui favorise dans son programme les tentatives d'exploitation municipale pour laisser ensuite ses mandataires officiels protester bruyamment parce qu'un projet d'habitations municipales à bon marché va gêner la spéculation des marchands de biens et des syndicats d'entreprise.

Je laisse à d'autres le soin d'achever le tableau des réalités radicales en dénonçant ce que tout au moins le parti a laissé faire dans les grèves.

Tout notre effort d'examen et de critique va désormais se concentrer sur cette partie singulièrement lourde du bilan que nous essayons de dresser aujourd'hui. J'avais mission, pour ma part, en évoquant les espérances du programme radical-socialiste, de rendre à tous plus sensible le sabotage dont est victime notre grand parti démocratique et contre lequel nous sommes ici pour nous élever avec la dernière énergie. Le radicalisme, à n'en pas douter, fait à cette heure l'effet d'un esquif qui n'obéit plus au commandement de ses principes. La question qui se pose et que ce congrès doit résoudre est de savoir si pareil désastre n'est pas imputable à la trahison d'une partie de l'équipage, embauché avec trop de hâte, avant de lui demander de faire ses preuves ou de produire ses références. Ce sera alors à nous de décider les mesures de police qui s'imposent et de ramasser nos énergies pour débarquer les naufrageurs du parti radical et de la République.

(La fin du rapport est marquée par une salve d'applaudissements.)

Edm. Bloch donne ensuite connaissance de l'exposé très savant et très complet de G. Lessay, retenu malheureusement loin de Paris par une sérieuse indisposition, sur la Renaissance républicaine et les nouveaux problèmes sociaux.

PROGRAMME ÉCONOMIQUE ET SOCIAL de la RENAISSANCE RÉPUBLICAINE
RAPPORT DE M. G. LESSAY
Docteur en droit

Quelle doit être, selon nous, en face des problèmes économiques et sociaux, l'attitude des hommes de la Renaissance républicaine ? Cette attitude, me semble-t-il, doit nous être dictée par une constante préoccupation que l'on peut ainsi formuler : « *Notre désir est de préparer et de faciliter, sans lui imposer de cadres a priori, ni préjuger de son but final, l'évolution économique en tant que celle-ci nous conduit à une moindre inégalité des conditions.* » Mais il est clair que nous ne saurions nous en tenir à poser ce principe qui, étant général, est par là même forcément un peu vague ; il est nécessaire d'en indiquer d'une façon plus précise les principales conséquences. L'atténuation des inégalités sociales peut résulter : I. Ou bien de l'*action directe de*

2

l'État, intervenant dans la lutte économique pour en modifier en faveur des faibles, et spécialement des travailleurs, les résultats naturels. II. Ou bien de l'effort collectif des travailleurs eux-mêmes, organisés en groupements a) syndicaux et b) coopératifs. Deux questions se posent donc à nous qu'il convient d'examiner successivement : 1° Par quels moyens l'État peut-il intervenir pour corriger l'inégalité sociale et quelles mesures convient-il de préconiser à cet effet ? 2° Quelle doit être l'attitude de l'État vis-à-vis des efforts collectifs des travailleurs ? Et si je distingue ainsi très nettement ces deux problèmes c'est que, envisagés sous l'angle du programme radical, ils ne se présentent pas à nous avec la même physionomie. La question de l'intervention directe de l'État a été déjà, à maintes reprises, abordée par le radicalisme, discutée dans les congrès, examinée à la tribune du Parlement, et nous entendons simplement, en ce qui la concerne, reprendre la tradition radicale, développer jusqu'à leurs ultimes conséquences les principes radicaux et veiller à leur rigoureuse application. Au contraire, sur la question des rapports entre l'État et les groupements collectifs, nous ne trouvons guère dans les programmes radicaux-socialistes que des indications fragmentaires — et ceci n'a rien d'étonnant puisqu'il s'agit de faire face à une situation nouvelle, ou du moins récemment devenue aiguë et difficile.

Intervention directe de l'État

Les mesures que doit prendre l'État pour corriger, dans la mesure du possible, *par son intervention directe*, l'inégalité sociale, me paraissent pouvoir se ranger sous trois rubriques : 1° *développement de la législation ouvrière* ; 2° *transformation du système fiscal dans un sens plus démocratique* ; 3° *substitution, en certains cas, des monopoles publics aux monopoles privés*.

1° En ce qui concerne la *législation protectrice du travail*, il faut, si nous voulons être justes, reconnaître que le vieux radicalisme a rempli une partie de sa tâche. Dans une large mesure, le mérite lui revient des lois sociales très importantes (imparfaites sans doute, mais préférables encore au néant) qui ont été votées au cours de ces vingt dernières années. Seulement il importe d'ajouter tout de suite que certaines de ces lois sont très mal appliquées (il suffit de citer la loi de 1900 sur le repos hebdomadaire), que d'autres sont tout à fait insuffisantes et demandent à être complétées, revisées, étendues (par exemple l'extension aux employés des lois sur la durée du travail s'impose), qu'enfin un certain nombre de lacunes subsistent qu'il est urgent de combler. (C'est ainsi que la lutte contre les abus du travail à domicile est à peine entamée et cependant il y a ici un motif particulièrement pressant pour l'État d'intervenir, en raison de l'intensité du mal et de l'impossibilité, pour les intéressés, d'améliorer eux-mêmes leur sort, par suite de l'inorganisation des travailleurs à domicile.

2° En second lieu, notre *système fiscal* désuet doit subir une transformation complète — et ici encore je passe vite, car le radicalisme a, dès longtemps, affirmé les principes sur lesquels devra reposer le système nouveau : *principe de la progressivité*, qui seul permet de rétablir équitablement les charges fiscales entre les contribuables ; *principe de la discrimination*, qui seul permet de frapper les revenus du capital plus lourdement que ceux du travail ; *principe de la personnalité*, qui seul permet l'exemption du minimum d'existence et les dégrèvements pour charges de famille.

Pratiquement, c'est lors de la discussion au Sénat du projet d'impôt sur le revenu voté par la Chambre que la grande bataille se livrera et qu'il sera nécessaire d'affirmer énergiquement notre volonté de ne point accepter une réforme tronquée ou édulcorée.

3° Les incertitudes ne commencent vraiment que lorsqu'on aborde le troisième ordre de mesures rentrant parmi les modes possibles d'intervention directe de l'État : *l'extension des monopoles publics*. La difficulté vient de ce que nous n'admettons d'une façon absolue ni le principe de la propriété privée et de la libre concurrence cher aux économistes libéraux, ni le principe de la propriété socialisée et du monopole généralisé que préconisent les collectivistes. *Nous sentons confusément qu'à chacun de ces principes il convient de faire sa part*, mais nous apercevons mal pour quel critérium nous devons nous attacher pour déterminer leur domaine respectif. Je crois qu'on peut résoudre le problème en remarquant que dans un nombre croissant de services et d'exploitations l'option doit se faire, en réalité, non *entre monopole et concurrence, mais entre monopole public et monopole privé*. Or, toutes les fois que le problème se pose en ces termes, c'est le monopole public qui aura nos préférences, et ce choix nous sera dicté par deux sortes de raisons : *raisons fiscales* d'une part : pour assurer l'exécution de la politique sociale que nous souhaitons, il faut de l'argent, beaucoup d'argent, et cet argent ne nous sera fourni que très insuffisamment par le système fiscal nouveau dont j'indiquais tout à l'heure les grandes lignes, et qui suppose à la base de très larges dégrèvements ; c'est seulement par les bénéfices réalisés sur l'exploitation de certains monopoles très lucratifs que les budgets de l'avenir pourront être bouclés ; *raisons d'ordre social*, d'autre part : à côté des services auxquels il est normal et légitime de demander des bénéfices, il en est d'autres où l'intérêt général commande l'exploitation la plus démocratique possible. Cette exploitation, on ne peut l'attendre des capitalistes qui ne sont point des philantropes et cherchent tout naturellement à obtenir le plus grand profit net ; dès lors, pour toutes les branches de la production où l'intérêt général commande la modicité du prix des produits livrés ou des services rendus (services d'éclairage dans les villes ; transports urbains et suburbains), la *régie directe* est, en principe, le système le meilleur.

Même ainsi limitée au cas où la libre concurrence est impossible ou disparue, la politique des monopoles rencontre, il ne faut pas se le dissimuler, de vives résistances dans l'opinion publique, résistances soigneusement entretenues par la presse conservatrice : on invoque contre elle la prétendue incapacité industrielle des collectivités publiques, et l'on appelle à la rescousse l'exemple de l'Ouest-État et le suicide du maire d'Elbeuf. Mais ces objections, dans la mesure où elles sont fondées, prouvent simplement qu'une politique de monopoles implique nécessairement comme corolaire *certaines réformes générales pour adapter l'État à ses fonctions nouvelles* : le jour où *l'autonomie financière* sera largement accordée aux *services d'État à caractère industriel* ; le jour où, dans les conseils de direction qui régleront l'orientation des services, sera assurée la représentation du personnel et des consommateurs, il n'y a aucune bonne raison de penser que cette infériorité économique des collectivités publiques subsistera — à moins qu'on ne la pose non comme un fait, mais comme un dogme.

L'État, le syndicalisme et la coopération

Et maintenant demandons-nous quelle doit être l'attitude de l'État à l'égard des efforts collectifs que tentent les travailleurs pour améliorer leur sort et transformer la société ? La question, je le disais au début de ce rapport, n'a pas été jusqu'ici abordée de front par le radicalisme, et on ne trouve à ce sujet dans les congrès radicaux — y compris le congrès de Tours — aucun débat général, aucune solution d'ensemble. Et cependant on peut dire qu'il n'est point de problème plus grave, ni surtout de plus inéluctable, car, quand bien même on s'en tiendrait à la tactique qui consiste à traîner en longueur ou à laisser dormir tous les projets de réforme sociale qui s'y rattachent, la vie politique de tous les jours, et notamment les incidents qui naissent quotidiennement à l'occasion de l'action syndicale, oblige fatalement tout gouvernement et tout parti qui se respecte à adopter sur ce point une ligne de conduite réfléchie, et à en faire connaître les motifs.

Lorsque nous parlons des efforts collectifs des travailleurs, il va de soi que nous englobons dans cette expression non seulement l'action syndicale, mais aussi l'action coopérative — que cette double action émane de la classe ouvrière ou des classes moyennes et rurales : en tant qu'ils concourent, par des voies différentes et parfois même opposées, à un même but, la transformation de la société dans le sens d'une moindre inégalité sociale, ces efforts collectifs sont également dignes de notre sympathie et méritent les encouragements et la faveur de l'État démocratique. Mais, en ce qui concerne plus particulièrement *l'action syndicale de la classe ouvrière*, des difficultés spéciales se présentent qu'il nous faut envisager : pour ne pas allonger excessivement ce rapport je me bornerai à l'étude de cette question — la plus importante et la plus délicate — des rapports entre les syndicats ouvriers et l'État.

Lorsqu'on se demande quelle doit être l'attitude de l'État vis-à-vis des syndicats, on le fait d'ordinaire d'une façon abstraite et en quelque sorte académique : on met en présence le concept de l'*État* et le concept du *Syndicat*, et on se demande en quelle mesure le syndicat idéal ainsi conçu est capable soit de collaborer avec l'État, soit de le supplanter. Et en effet, si l'on veut se donner un point de départ solide, il est bien nécessaire de se poser tout d'abord le problème en ces termes théoriques — mais, lorsqu'on a ainsi discuté du syndicalisme idéal pour lui accorder, dans une mesure plus ou moins large, droit de cité dans la conception également idéale que l'on se fait de la société, on n'a pas résolu la question la plus difficile, qui consiste à se placer en face du mouvement syndical français actuel, avec ses caractères particuliers et son orientation présente, et à se demander si la discordance entre le syndicat tel que nous le désirons et le syndicat tel qu'il est doit transmuer notre attitude de principe sympathique en une attitude de fait hostile.

L'État et le syndicalisme théorique

1° Sur le principe, je pense que nous sommes tous d'accord : nous sommes tous *très résolument*, *très fermement syndicalistes* : nous considérons le syndicat, organe des intérêts professionnels, comme le représentant et le porte-parole naturel des ouvriers dans leurs rapports avec les patrons — et c'est dire que nous souhaitons la diffusion du *contrat collectif*, en d'autres termes de la fixation des conditions générales du travail par un accord entre le ou les patrons et le syndicat ouvrier. Mais le rôle du syndicat ne doit pas, selon nous, s'arrêter là. Non seulement il est désirable que le syndicat devienne le mandataire des ouvriers dans leurs rapports contractuels avec les patrons, mais, de plus, il est souhaitable que le syndicat s'élève jusqu'au rang d'une institution de *droit public*, et que, pour l'élaboration et l'application des lois, il soit considéré comme le conseiller, le collaborateur, et le délégué de l'Etat. Dans tous les cas, en effet, où il est nécessaire d'établir une *règle commune* s'imposant obligatoirement à tous les membres de la profession, traduction juridique du fait économique de la solidarité professionnelle, il semble bien que le syndicat est plus capable que l'Etat de formuler cette règle commune avec compétence et d'en assurer, avec la souplesse nécessaire, l'exécution.

Encore faut-il ici ne rien exagérer : si nettement, si largement syndicalistes que nous soyons, nous ne saurions partager l'antiétatisme absolu de certains théoriciens du syndicalisme qui croient possible d'arriver dans l'avenir, par la généralisation de l'organisation syndicale, à une suppression complète de l'Etat. N'est-il pas chimérique et utopique d'espérer que du choc et de l'opposition même des intérêts en présence puisse naître automatiquement en quelque sorte l'harmonie sociale ? En tant que représentant des intérêts généraux et permanents de la Nation, l'Etat doit conserver sur les groupements professionnels un rôle de surveillance. Ajoutons qu'en ce qui concerne ceux des services publics, dont le fonctionnement continu est essentiel à la bonne marche de l'Etat (*et il y aurait lieu d'en dresser une liste limitative pour éviter qu'on ne soit tenté de l'étendre à l'excès*), il n'est pas possible de bannir complètement, entre ceux qui en assurent l'exécution et l'Etat, les *rapport d'autorité* pour y substituer intégralement des rapports *contractuels*. Donner aux fonctionnaires « d'autorité » un *statut* aussi libéral que possible, leur reconnaissant le droit syndical, leur déniant le droit de grève, écartant l'arbitraire et le favoritisme, nous paraît être le moyen le plus sûr d'aplanir les difficultés et de prévenir les conflits.

L'Etat et le syndicalisme actuel

2° Sous ces quelques réserves, qu'il était indispensable de formuler sans réticences, nous sommes donc, en principe, en théorie, très favorables au syndicalisme. Quelle attitude cette sympathie théorique nous conduira-t-elle à adopter à l'égard du mouvement syndical français actuel ? Il y a loin, reconnaissons-le, du syndicat tel que nous le concevons, organisme de droit public, collaborateur et délégué de l'Etat, agent de transformation sociale pacifique, au syndicat tel que l'entendent et le pratiquent les syndicalistes révolutionnaires animés d'une hostilité intransigeante vis-à-vis de l'Etat, se refusant à toute entente avec les démocrates bourgeois, propagateur de l'esprit de lutte entre les classes et partisan de l'action violente sous toutes ses formes... Et cependant, quelle que soit cette opposition si vive en apparence entre notre idéal et la réalité, nous aurions tort de porter un jugement de condamnation globale et définitive sur le mouvement syndicaliste français et de désespérer de son avenir ; au contraire, notre attitude doit se résumer en deux mots : *prudence et confiance*. Sachons comprendre que nous sommes en face d'un mouvement chaotique et tumultueux, parce qu'il n'a pas encore dépassé la période d'enfance et qu'il est enclin, comme toute formation jeune, aux exagérations et à l'excessive intransigeance. Ils lui-même, si on le laisse suivre son évolution naturelle, le syndicalisme se rapprochera de notre idéal et s'imprégnera de sagesse et de modération. Et l'espoir que nous formulons ainsi n'est pas une manifestation de mysticisme : des raisons très positives viennent l'étayer et le confirmer ; en particulier, l'exemple des pays voisins, de l'Angleterre spécialement, où le mouvement trade-unioniste a connu lui aussi à ses débuts une période d'agitation violente et tumultueuse, mais s'est débarrassé en grandissant de ce caractère révolutionnaire pour pratiquer de plus en plus une défense très ferme mais très calme des intérêts professionnels des ouvriers. Et sans doute, depuis quelques années, le trade-unionisme semble se départir de cette attitude et cependant considérez les grandes grèves anglaises récentes (grève des cheminots, grève des mineurs) et remarquez avec quelle tenue elles se sont déroulées et combien secondaires dans l'ensemble ont été les incidents de guerre sociale, en partie à cause de la politique impartiale et plutôt bienveillante du gouvernement anglais — en partie aussi certainement à cause de l'organisation syndicale puissante dans laquelle les grévistes se trouvaient, pour ainsi dire, encadrés.

Toutefois, pour que l'esprit réformiste triomphe de l'esprit révolutionnaire au sein du mouvement syndical, une condition est nécessaire : *c'est que l'Etat n'essaie point de brusquer les choses par d'intempestives interventions, ou par une politique brutale et autoritaire.* S'il est vrai que nous sommes en présence d'une matière en formation, qui n'est point encore parvenue à un degré suffisant de maturité, de cristallisation, on doit envisager avec patience et sans rigueur les tâtonnements de ces organismes embryonnaires qui cherchent encore leur voie et n'employer la « manière forte » que dans les cas où la sûreté de l'Etat et le souci de l'unité nationale le commandent impérieusement.

On doit aussi se garder des réglementations juridiques arbitraires et artificielles, qui reposeraient sur une conception erronée de la nature du mouvement syndical : s'il est vrai que c'est sur le terrain du droit public et non sur celui du droit privé que doit s'édifier la construction juridique des syndicats, il s'ensuit que c'est seulement lorsque l'organisation professionnelle aura atteint un stade plus avancé de développement qu'on pourra songer à entamer cette œuvre.

Le radicalisme socialiste vrai, l'Alliance démocratique et le parti unifié

Je pense que maintenant l'orientation que nous voudrions voir prendre, sur le terrain des questions économiques, au parti radical-socialiste, se dégage avec une suffisante netteté. Indiquons, en terminant, en quoi cette politique différencierait le radicalisme des partis politiques voisins : Alliance démocratique, d'une part ; socialisme unifié, de l'autre.

Vis-à-vis de l'Alliance démocratique, aucune hésitation n'est possible pour quiconque admet les prémisses par nous posées : entre la politique vigoureusement réformiste que nous préconisons et la politique de conservation sociale chère aux républicains de gauche, l'opposition est absolue : les modérés sont hostiles, en effet, aussi bien à la première partie de notre programme, puisqu'ils voient d'un mauvais œil toute intervention nouvelle de l'État dans le domaine économique, qu'à la seconde, puisqu'ils sont partisans d'une politique autoritaire et répressive à l'égard du mouvement syndicaliste.

Au contraire, entre les socialistes unifiés et nous, il y a plutôt des nuances que des divergences essentielles. Sans doute nous refusons à poser en principe comme transformation générale nécessaire la socialisation des moyens de production, et nous restons attachés à la petite propriété privée lorsque celle-ci est fondé sur la possession ; sans doute aussi nous souhaitons que l'évolution sociale se réalise graduellement, progressivement, et nous désirons pouvoir faire « l'économie d'une révolution ». Mais les plus modérés parmi les socialistes ne sont pas très éloignés de notre état d'esprit ; aussi croyons-nous qu'en bien des cas une action commune serait possible et féconde.

Conclusions

Peut-être même peut-on penser que le radicalisme n'est qu'une doctrine de transition et d'attente dont la fonction historique serait de tenir la scène en attendant le moment où le prolétariat sera capable de passer au premier plan.

Même ainsi compris, son rôle est assez beau pour mériter que nous y consacrions nos efforts : faciliter et accélérer cette ascension graduelle des classes ouvrières et faire le possible pour qu'elle s'accomplisse pacifiquement, tel me paraît être en dernière analyse le vrai programme du radicalisme socialiste et le but auquel doit tendre toute sa politique économique et sociale. (Applaudissements prolongés.)

Discussion

Le premier orateur inscrit, M. SMÉTANA, déclare qu'il est enthousiasmé par ce mouvement. Il le voit déjà grand. Mais il lui faut une organisation solide. C'est là qu'on l'attend. On constate qu'il a déjà une charpente. Il donnera un sang nouveau à la République. Ne sortons d'ici, dit-il, qu'avec une organisation.

M. PONTET-BREUX approuve, lui aussi, l'organisation d'une Renaissance républicaine. Il pose à Edmond Bloch une question d'ordre personnel à laquelle notre ami répond à la plus grande satisfaction de l'interpellateur et de l'assemblée.

Le citoyen GASTON GROS, membre du Comité exécutif :

J'ai écouté avec infiniment d'attention et de plaisir la lecture des deux rapports. Je crois qu'ils méritent mieux que l'approbation : ils méritent une discussion.

Quant au premier, je dirai peu de choses. C'est la partie critique ; il est juste, mais sévère. Les parlementaires n'ont pas tenu toutes les promesses qu'ils ont, peut-être imprudemment, faites au corps électoral. Ils peuvent, cependant, plaider les circonstances atténuantes, d'abord, parce qu'ils sont des hommes, souvent peu compétents avant l'élection (ils ne le deviennent que par la vertu du suffrage universel), ensuite, parce que la plupart des partis ne leur offrent point de doctrine vraiment solide.

Je suis amené ainsi à parler du second rapport.

La grande faiblesse des programmes est qu'ils sont constitués par une énumération longue et touffue et non par ces idées générales et fécondes que l'on peut désigner sous le nom d'idées forces. Il se produit le même encombrement qu'aux portes des salles trop pleines. Retrancher d'un programme une seule réforme non réalisée est tenu pour une sorte de faillite ; on s'en garde bien ; mais l'ingéniosité des innombrables hommes de bonne volonté y ajoute sans cesse quelque chose, et on arrive à des listes interminables et irréalisables.

L'œuvre du congrès de Renaissance républicaine serait singulièrement utile, s'il parvenait à dégager une synthèse des programmes républicains, et notamment du programme radical-socialiste, de manière à condenser dans deux ou trois idées simples, claires et fortes, deux ou trois réformes mères.

Au premier rang apparaît la réforme administrative, non point cette réforme préconisée par l'Action française, qui consisterait à remanier la carte administrative de la France par un découpage arbitraire et absurde, mais une réforme inspirée par les notions modernes d'association et de liberté.

Comment réaliser les grandes œuvres économiques qui deviendraient possibles après un tel progrès politique ? Le choix seul embarrasserait, car notre outillage économique est honteusement en retard ; la France peut employer chez elle, et cela plusieurs années durant, ses trois milliards d'économies annuelles. Si elle le faisait, quel appel de main-d'œuvre, quelle richesse répandus à flots sur la classe ouvrière ! Par quels moyens réserver la part de l'État dans toutes ces concessions de transports, de houille blanche, de mines, de ports ? J'en arrive ainsi naturellement à la question qui divise le plus les partis : la *question des monopoles*.

Comment la résoudre ?

Jusqu'ici, en France, on n'a pas imaginé d'autre moyen pour sauvegarder les droits de l'État sur les richesses nationales que d'en faire le rival des individus, et à la notion exclusivement individualiste, on a opposé la notion exclusivement étatiste de la régie directe. On a exagéré les déficits de celle-ci ; mais il faut reconnaître que les résultats financiers n'ont pas été brillants jusqu'ici. Depuis l'Ouest-État, les poudres, les P. T. T., jusqu'aux déficits de la Manufacture des Gobelins et les surprises de l'Imprimerie nationale, tout prouve qu'en grand et en petit l'État est un mauvais industriel.

La cause est aisée à saisir : les directeurs ne gagnent rien à la prospérité de l'exploitation, ne risquent ni argent, ni honneur lorsqu'elle décline, et compromettent leur tranquillité et même leur place à chaque initiative. Qu'on y joigne le principe de l'annuité des crédits, les lenteurs administratives et les influences politiques, et on s'étonnera de ne pas constater pires résultats.

D'autres pays, la Suède, l'Allemagne, la Belgique, la Norvège, la Suisse, ont résolu autrement le problème en établissant une collaboration entre l'État et l'individu.

Cela s'applique d'une manière fort simple : l'État fait apport de son bien (mine, service public, etc.) ou de sa puissance de crédit à une société anonyme, et est rémunéré par actions d'apports. Comme une banque ou une société dite « omnium », il possède son portefeuille de titres, se fait représenter aux assemblées d'actionnaires et aux conseils d'administration. Tout se passe le mieux du monde.

En France, cette conception gêne la routine et les intérêts ; c'est ainsi que, soutenue dans un précédent cabinet par deux hommes d'État éminents, à propos des concessions minières, elle a été combattue par la commission parlementaire. Pour qu'elle fonctionne, il suffit d'ajouter trois alinéas à la loi de 1867 sur les sociétés anonymes.

On réaliserait ainsi une féconde collaboration entre le puissant crédit de l'État et l'intelligence individuelle. En y joignant la collaboration du travail par des actions de participation ouvrière, cette forme que j'ai appelée : *Sociétés de participation nationale* serait la plus féconde des formules.

Voilà tout un programme simple, bref et fécond. Il serait populaire parce qu'il répond aux besoins les plus urgents de la nation et aussi parce qu'il s'inspire d'un sentiment qui ne s'est point déformé en France : la liberté.

Le congrès se grandirait en l'adoptant. (Applaudissements.)

Il est midi. La séance est levée.

SÉANCE de l'APRÈS-MIDI

MARTIN-MAMY, le vaillant directeur de la *République de l'Oise*, est acclamé président de la séance de l'après-midi. Les citoyens Lévy-Ullmann, M. Vollaeys, Chevallier sont à ses côtés à la tribune.

Dans une vigoureuse improvisation, il compare le programme radical à une femme qu'on a beaucoup aimée et beaucoup oubliée. Mais s'il est un radicalisme défaillant nous allons prouver qu'il reste un radicalisme agissant.

RIPAULT résume la séance du matin pour les camarades qui n'avaient pu y assister.

La discussion sur les rapports présentés le matin est continuée.

M. CH. SANCERME développe avec véhémence nombre d'observations, dont le lien logique n'apparaît pas immédiatement. Il analyse d'abord les causes de la crise politique actuelle, la glissade sur « la pente savonneuse des promesses électorales » et il énonce cette formule, très applaudie, « c'est celui qui promet le plus qui pouvait le plus ». Il fait des réserves sur la question de personnes, mais il formule cet acte de confiance dans notre mouvement : il ne s'agit pas d'un parti d'attente, mais d'un parti définitif à réalisations illimitées. Le parti radical n'est pas le fourrier du socialisme unifié ; c'est le fourrier de la République. Pour travailler à la Renaissance républicaine dans la masse du pays, M. Sancerme souligne les moyens d'ordre moral. Passant à la question fiscale il s'élève contre l'importance attachée à l'impôt sur le revenu, simple déplacement de 66 millions sur les quatre contributions directes, c'est-à-dire sur 500 millions, alors que le budget monte à près de 5 milliards. Il estime impossible de diminuer les impôts, étant donné l'augmentation des besoins, dans un pays qui s'enrichit. Ce qui importe et ce qu'on critique justement c'est l'emploi de ces impôts : il faut diminuer les charges militaires, laisser les instituteurs à leur fonction au lieu de les jeter de force dans la lutte politique, pour les accuser ensuite d'être de mauvais Français, eux, les seuls laïques. (Approbation.) Il faut nous libérer de la tyrannie des grands directeurs des grandes administrations et épurer la magistrature. Et l'orateur a, contre celle-ci, de telles sévérités que, devant les rumeurs de l'auditoire, il est obligé d'avouer de bonne grâce : « Je grossis peut-être mon argumentation ».

Très approuvé quand il montre que le parti radical a donné au pays une prospérité que les deux siècles précédents ne lui avaient pas procurée. M. Sancerme soulève d'unanimes protestations quand il va jusqu'à dire : « Le parti républicain a donné son maximum d'efforts ».

Comme son prédécesseur, M. BOKANOWSKI ne veut pas que notre programme soit un programme d'attente : il serait alors fait pour excuser à l'avance tous les reniements. Nous devons opter, être pour la liberté avec la propriété privée ou pour le servage avec la socialisation de la propriété. Les uns, socialistes, nous disent : « Vous êtes des socialistes honteux » ; les autres, radicaux, nous disent : « Vous voulez avoir l'air d'aimer la liberté économique, mais vous parlez de monopoles... »

Sa solution sociale n'est pas le monopole, mais la règle intéressée : l'industrie privée est une meilleure garantie d'intérêt que l'industrie publique. Il veut la participation de la nation aux bénéfices de la chose publique, l'assurance sociale contre les risques, l'impôt sur le revenu, les libertés syndicales, l'indépendance des candidats grâce à la réforme électorale.

M. BARLIER veut démocratiser la finance par la suppression de la publicité payée et mensongère et la représentation, de plus en plus importante, des intérêts des petits dans les assemblées d'actionnaires.

M. VOLLAEYS, secrétaire du Comité exécutif du parti radical et radical-socialiste :

Sans nous être concertés, nous sommes venus ici plusieurs au Comité exécutif, car il y a dans notre parti deux tendances, l'une qui est celle d'hommes qui ont accoutumé de trancher des problèmes nouveaux avec des idées qui furent excellentes, l'autre qui est celle d'hommes à préoccupations nettement économiques et sociales. Ces derniers ont retrouvé ce que fut la foi de l'ancien parti radical et radical-socialiste et ils demandent des hommes nouveaux pour le vieux parti, une sève jeune pour empêcher le vieux tronc de s'en aller à tous les vents. Nous ne demandons pas d'ailleurs à nos parlementaires d'être des Pic de la Mirandole, mais nous leur offrons notre collaboration de militants pour l'étude des questions sociales, législation agraire, législation des transports.

Au moment où M. Hamel dirigeait quelques véhémences contre les ministres qui seraient « chambrés » par leurs cabinets, une ovation accueille, unanime et vibrante, celui que Martin-Mamy salue en ces termes si justes : « Celui qui est non seulement l'honneur de mon parti, mais aussi l'honneur de la République ». Et notre ami Ferdinand Buisson prend place à la tribune.

M. PAUL BAULER, homme de lettres :

Nous ne voulons pas être une doctrine de transition, a-t-on dit, mais il n'est pas de doctrine définitive. Nous ne voulons pas barrer l'avenir. Même l'utopie d'aujourd'hui peut devenir le lieu commun de demain.

On vous a dit que le collectivisme nous conduirait à la servitude, et on vous a parlé de liberté économique ? Mais qu'est-ce que la liberté économique ? Oserai-je vous dire qu'elle m'apparaît comme la tyrannie du plus fort, qu'elle a créé un état social où le faible est exploité, dévoré, écrasé, où la misère des producteurs semble la condition essentielle du bien-être des inutiles ?

Une telle liberté, qui ne profite qu'aux forts, aux riches, aux possédants, déjà protégés par toute la formidable organisation des puissances sociales, nous conduit de plus en plus à la féodalité financière, à la réaction capitaliste.

Permettez qu'en face de la doctrine de l'individualisme, je dresse l'idéal de solidarité et de fraternité humaines.

M. PONTET-BRUX. — La presse asservie et la finance formidablement organisée pour la domination, voilà les ennemis. Et l'orateur recherche les moyens de faire parvenir sous les yeux de tous la vérité objective, comme d'enrayer la spéculation à terme sur tous les produits nécessaires à l'existence. Il préconise enfin la participation aux bénéfices et souligne sa valeur de fraternité.

Notre ami RUSSACO, rapporteur, se demande les causes de la crise actuelle du parti radical :

Des principes, il en a à revendre — mais assez de mots et de déclamations ! Nous recueillons la plainte du peuple auquel il a été beaucoup promis et peu donné. Il faut que nous, les jeunes, nous ne nous laissions pas « apaiser », comme l'ont fait les vieux radicaux.

M. EDMOND BLOCH :

Nous posons en principe que l'évolution sociale a pour but une moindre inégalité des conditions sociales. Comment y arriver ? Par l'extension indéfinie de l'assurance et de la prévoyance sociales. Par l'impôt sur le revenu, à la grande valeur duquel nous croyons, indépendamment de son rendement fiscal, parce qu'il permettra de faire payer ceux qui ne payent rien et de dégrever les petits. Par un impôt sur la plus-value immobilière non gagnée. Par l'interventionnisme. Les socialistes poursuivent systématiquement une politique de socialisation de tous les moyens de production et d'échange. Nous, nous disons : substitution des monopoles publics aux monopoles privés dans les services qui ne sont pas susceptibles de libre concurrence. (Quant aux nouveaux procédés administratifs, nous les étudierons dans un prochain Congrès.) Pour les branches de production qui sont arrivées d'ores et déjà à un état de concentration suffisante et de monopolisation de fait, nous n'admettons pas qu'elles soient monopolisées par une poignée de capitalistes.

D'autre part, en présence du syndicalisme théorique, nous sommes des syndicalistes convaincus. En présence du mouvement syndical actuel, nous disons que l'État doit prendre une position réservée et bienveillante à l'égard de ces jeunes associations qui finiront par s'assagir, à l'exemple des syndicats anglais ou allemands.

Et de vifs applaudissements accueillent sa comparaison entre l'attitude du gouvernement anglais, si libérale, et celle du gouvernement français devant la grève des cheminots.

Nous demandons à l'État de fixer très nettement les choses qui peuvent être faites par les syndicats et celles qui ne peuvent pas être faites, car il est scandaleux d'inquiéter, de poursuivre, de condamner des ouvriers qui n'ont fait que profiter des droits qui leur ont été solennellement reconnus par des ministres du haut de la tribune parlementaire. (Très bien !)

Le gouvernement doit aussi sa bienveillance aux coopératives de bourgeois ou d'ouvriers.

Nous demandons l'élaboration urgente d'un statut pour les fonctionnaires d'autorité, aussi libéral que possible. Pour les fonctionnaires de gestion, nous voulons le droit commun. (Applaudissements.)

M. BOKANOWSKI combat l'idée de monopole, où il voit poindre le danger d'un fonctionnarisme étendu. Il insiste sur le péril que créerait la monopolisation en faisant confondre dans les esprits l'Etat économique et l'Etat politique.

Il défend l'idée d'une large participation sociale dans le contrôle et dans les bénéfices de tous les monopoles de fait.

Après quelques observations de M. CLEMENTEL, M. GASTON GROS souligne la nécessité d'observer et de réserver l'évolution de l'individualisme. La propriété individuelle devient collective : le droit d'un actionnaire sur l'avoir social n'est pas du tout le même que celui d'un propriétaire sur son lopin de terre. Sans doute, les monopoles de fait violent les droits de l'Etat et les droits des consommateurs. Mais le mot est impopulaire — les mots sont des abîmes ; retenez l'idée, sacrifiez le mot.

M. EDMOND BLOCH :

Aussi n'est-ce pas au mot que je tiens absolument. La substitution aux monopoles de fait d'un large régime de participation de la nation et des travailleurs est une formule qui englobe la mienne et qui signifie, comme elle, l'appropriation sociale de tout ce qui est mûr pour elle, suffisamment concentré pour devenir la proie d'une oligarchie multimillionnaire. L'essentiel est qu'on prenne parti et tout de suite, sans procédés dilatoires, dans cette question sur laquelle tous les congrès radicaux ont discuté et qui est mûre. C'est la confusion dans les programmes qui permet aux politiciens toutes les équivoques et toutes les trahisons.

M. FERDINAND BUISSON :

Citoyens... Je n'ajoute pas : citoyennes, j'attends que les femmes soient citoyennes pour leur appliquer ce mot. (Très bien !) Je suis ici un accusé, en tant que parlementaire. Mais j'apprends des choses nouvelles qui me réjouissent : il y a des jeunes qui sont encore radicaux-socialistes. Je craignais que les jeunes ne fussent plus assez modérés, assez sages, pour se contenter des vieux cadres, des vieux problèmes d'un vieux parti. Vous voulez, dites-vous, tout en faisant une Renaissance républicaine, vous rattacher à notre vieux parti, malgré tout. Cependant, permettez-moi de chercher d'amicales critiques, votre ordre du jour ne fait pas connaître les vérités républicaines auxquelles je me suis attaché. A votre âge, on n'entre pas dans un parti de transition, à votre âge où l'on a une grande ardeur, un élan, une vision du mieux, qui vous fait faire des folies et des actes d'héroïsme, des jeunes doivent entrer dans un parti d'action, allant jusqu'au bout de ce qui est votre idéal. Autrement, c'est le « parti des vieux ».

Au lieu d' « une moindre inégalité des conditions », ce que je veux, c'est l'abolition du salariat. (Bravos enthousiastes.) C'est ce que demandent nos Congrès radicaux. Alors, au lieu de renaître, vous reculeriez !

Le programme est trop bien fait, trop savant. Il y manque le cri du cœur vers le peuple, le je ne sais quoi qui ferait qu'un peuple, en le lisant, aurait espoir. (Vifs applaudissements.) Il faut que votre premier cri soit pour le peuple. Affirmez-vous plus socialistes que qui ce soit, d'une manière large, humaine, républicaine, et qui donne asile à toutes les formes de la liberté. Et alors vous serez le parti des jeunes, que je voudrais voir avant de mourir ! Dites : nous sommes des citoyens nés de la République, nés à la République et la voulant dans son intégrité. Et ce que la République nous commande c'est d'opérer la rénovation sociale qui supprimera les deux classes de la société. Il faut que cela déborde, passe par dessus les articles que vous voterez. Vous n'êtes pas assez avancés ! (Rires et bravos.) Vous êtes dans le même embarras que les parlementaires, dont vous avez entrepris la correction d'une main non légère — je ne vous le reproche pas — (Rires.) parce que vous êtes des bourgeois. Beaucoup de bourgeois savent comment ils le sont devenus ; par le travail. Vous commencez, vous êtes généralement parti de zéro, de l'état de prolétaire, pour vous élever au-dessus, pour vaincre par le travail les immenses difficultés que la société oppose au prolétaire. Mais puisque vous vous retournez immédiatement vers ceux qui n'ont pas eu la même chance, tâchez qu'on le sente, tâchez qu'on le soit : voilà les amis de la classe ouvrière. Adressez-vous aux paysans en même temps qu'aux ouvriers, ce que ne peuvent pas aussi bien que vous les socialistes...

Distinguons les fonctionnaires d'autorité des fonctionnaires de gestion, c'est une invention de M. Barthou, qui l'a bien regretté, ainsi que bien d'autres choses. (Rires.) Vous pourriez demander le droit d'association professionnelle pour tous les fonctionnaires sans exception. (Très bien !) Ce droit, qu'on lui accorde ou qu'on lui refuse l'épithète de syndical, ce n'est qu'une querelle de mots. Toute la question est de savoir si oui ou non vous voulez reconnaître à tous les employés de services publics quels qu'ils soient le droit de s'entendre entre eux.

Vous avez écarté le droit de grève du fonctionnaire d'autorité. Or, la grève n'est pas un droit, c'est un fait qu'on ne peut pas légalement empêcher. J'approuve donc votre solution sur ce point.

Mais efforcez-vous de dégager l'esprit qui anime cette réunion, et qui devrait se précipiter comme une trombe dans le vieux parti radical-socialiste, agiter le monde (Bravos.) et réjouir les vieux qui seraient bien heureux de voir renaître le parti républicain qui ne renierait aucune de ses illusions, de ses utopies, mais s'efforcerait courageusement d'en faire des réalisations de demain. (Ovation prolongée.)

Une voix dans l'assistance. — Avec des vieux comme celui-là, le parti radical restera toujours jeune.

P. H. LOYSON :

Nous n'aurons pas la prétention de tout résoudre en vingt-quatre heures et la discussion, demain, continuera et aboutira où, dans sa généreuse impatience, veut la voir aboutir notre ami. Elle ne fera ainsi que manifester le sentiment qui l'a fait éclore. En présence d'une quasi-faillite, nous demanderons demain quelles sont les causes morales et les fauteurs personnels de cette crise, de ce crime. Socialement, nous l'avons dit, nous ne voulons plus que l'homme soit une machine, mais que la machine soit faite pour l'homme et, politiquement, nous réclamons des citoyennes pour compagnes dans la vie civile. Vous nous demandez, non cher Buisson, d'aller au peuple ; mais c'est pour nous faire attester une fois de plus et quelques heures plus tôt avec quelle colère d'amour nous y allons. Vous le voyez et vous en avez joie. D'autres le savent et en ont dépit. De la honteuse conspiration du silence de la presse républicaine — le *Rappel* et l'*Humanité* exceptés — quand nous nous sommes dressés dans l'indifférence et la malveillance du public contre l'immoralité politique (1). Pourquoi l'avons-nous fait, nous bourgeois, nous radicaux-socialistes ? C'est que nous avons estimé qu'il n'y avait pas de pire insulte à la République et à la France que de duper systématiquement le peuple pour lui monter sur les épaules et le pousser ensuite à l'abîme. Voilà des actes, non des paroles. *(Acclamations.)*

Ordre du jour

L'ordre du jour suivant est adopté à l'unanimité :

Le Congrès

Emet le vœu que l'étude des problèmes économiques soit abordée avec la préoccupation constante d'accélérer l'évolution vers l'abolition du salariat.

Il préconise spécialement à cet effet : « 1° Le développement de la législation de protection légale du travail et de la prévoyance sociale par l'extension indéfinie de l'assurance ; 2° La transformation de notre système fiscal dans le sens le plus démocratique par le vote rapide de l'impôt progressif sur le revenu et la mise à l'étude spéciale des « plus-values immobilières non gagnées » ; 3° La substitution d'un large régime de participation de la nation et des travailleurs dans l'exploitation, le contrôle et les bénéfices des industries monopolisées par nature ou concentrées dans des conditions violant le jeu normal des lois économiques.

D'autre part, le Congrès estime que l'État doit envisager avec bienveillance et confiance les efforts collectifs (sous forme syndicale ou coopérative) auxquels les travailleurs se livrent pour améliorer leur sort. Il considère comme une œuvre urgente l'élaboration d'un statut aussi libéral que possible pour les fonctionnaires d'autorité et souhaite que les libertés syndicales soient placées en France sous l'égide du droit public républicain au même titre que la liberté de réunion et la liberté de la presse.

Il souhaite, enfin, qu'une loi accorde aux syndicats le droit d'action en justice toutes les fois que l'intérêt professionnel est en jeu, estimant que l'usage de ce droit donnera aux syndicats ouvriers conscience de leur rôle véritable : l'organisation et la défense des intérêts généraux de la profession.

LA DEUXIÈME JOURNÉE

SÉANCE DU MATIN

Devant un public aussi nombreux que celui de la veille, la séance est ouverte par M. le sénateur Reveillaud qui préside. Il affirme qu'il se sent ici à sa place parce qu'il a une âme de jeune, et donne la parole au rapporteur, notre ami *Ripault*.

DISCOURS DE RIPAULT

On nous a quelque peu reproché hier d'avoir fait bon marché de l'œuvre des anciens et de n'avoir pas inscrit à l'ordre du jour que vous avez voté des mots qui entraînent l'humanité.

Le reproche n'est que très légèrement mérité. Au sujet des hommes, les orateurs qui m'ont précédé ont tenu, au contraire, à rendre un solennel hommage à leurs efforts ; au sujet des mots, nous en avons été sciemment avares, notre génération étant désireuse surtout de réalité.

Expliquons-nous nettement à ce double point de vue, car la question de moralité inscrite à l'ordre du jour de ce matin et dont je suis chargé de vous exposer le rapport en découle d'elle-même...

Oui, il est bien vrai qu'au lendemain de nos désastres, les républicains ont éprouvé des difficultés sans nombre à établir la République ; longue lutte contre les partis monarchistes qui avaient la majorité, grande habileté pour arriver au vote de la Constitution, propagande intense pour rendre claire à tous les citoyens l'idée républicaine, enfin lutte acharnée contre l'essai de coup d'État du 16 mai. Puis ce furent les ministères républicains qui entreprirent les réformes politiques au milieu des obstacles qui ne leur venaient pas simplement de leurs adversaires. Non, nous n'oublions aucun des épisodes de cette histoire qui n'est pas très ancienne, nous rendons complète justice à tous ceux qui soutinrent Jules Ferry dans son œuvre laïque et scolaire, et à tous ceux qui suivant la même méthode et la même logique rendirent possible, plus

(1) Allusion au meeting organisé le 17 décembre, aux Sociétés savantes, par les *Droits de l'Homme*, contre l'immoralité politique (incident Lauche-Briand).

3

tard, le vote de la loi sur les associations et la séparation des églises et de l'État. Mais à la lumière de ces grandes réformes purement politiques, nous constatons que devant les grandes réformes sociales le parti radical reste inquiet, incertain et sans décision. Certes, sa ferveur verbale est la même. Avec la même vigueur, il répète certains mots et il les répète avec d'autant plus d'énergie que l'énergie lui manque pour mettre dessous des réalités.

Et ici il faut bien nous entendre. Notre génération est née alors que certains mots étaient déjà passés dans le domaine public ; c'est en les prononçant qu'elle a commencé à parler, puis à lire. Elle les regarde comme des acquisitions très vieilles de la langue politique. Peut-on lui reprocher sérieusement d'être ingrate, ou, mieux encore, lui demander de les prononcer comme il y a quarante ans en se figurant ingénument qu'ils sont capables d'entraîner les foules ? Nous ne le croyons pas. Les mots n'ont de valeur pour nous que par ce qu'ils signifient... Nous aimons, aujourd'hui, les orateurs dont le langage contient plus de sens que de mots qui ont alors pour nous toute leur valeur, et c'est pourquoi nous réclamons de nos représentants le respect de l'engagement souscrit, de la parole donnée. Nous les prenons au mot...

La génération précédente n'a peut-être pas assez ménagé ses mots et ses phrases. Dans le monde politique actuel, combien d'élus sont fidèles à leur programme imprimé ou verbal ? Et au fond, une partie du malaise qui éclate aux yeux de tous ne vient-il pas de ce manque de probité politique ?

Aux avant-dernières et aux dernières élections législatives, beaucoup de citoyens qui se présentaient aux électeurs ont trouvé commode de se parer d'une étiquette radicale qui semblait à cette époque avoir la faveur du public et être le Sésame, ouvre-moi la porte du Parlement. Du véritable programme, ils n'en avaient cure et on le constata très vite après les premières réjouissances qui suivirent la victoire. Certes, l'armée radicale était forte par le nombre, mais sa masse l'empêchait de manœuvrer et le drapeau demeurait invisible à beaucoup. Puis ses généraux étaient divisés entre eux et rivalisaient. Mauvaises conditions pour vaincre, surtout si l'obstacle à emporter est d'importance. Or il se trouvait que justement les premières réformes sociales devaient être entreprises, réformes difficiles dans leur complexité et dans leurs répercussions innombrables.

Et l'armée radicale hésitante et mal commandée se mit à piétiner et elle piétine ainsi depuis près de six ans, ce qui peu à peu a détruit chez elle la discipline et la cohésion et l'a rendue impropre aux œuvres de longue haleine...

Il faut dire aussi que depuis la Sépara-

tion, le parti radical a été bien mal secondé par les hommes qui étaient à la tête du gouvernement. Quand il fournit Sarrien, il est entendu que c'est en attendant Clemenceau, et quand Clemenceau gouverne, le pauvre parti radical reçoit de sa part de rudes coups. Son chef le ridiculise. C'est tantôt : les muets du sérail, tantôt : Messieurs les radicaux je vous attends ; puis sa désinvolture, son incohérence, pour employer un mot qui résumera assez bien l'agitation de cet homme politique : aujourd'hui visite à Broutchoux, demain négociation avec Métivier ou fusillade à Narbonne. Un parti ne se dirige pas ainsi, il demande avant tout de la logique...

Était-il bien logique de sa part, à lui parti radical qui était la majorité, ou tout au moins sans qui une majorité républicaine ne pouvait être formée, d'accepter à la tête du gouvernement Aristide Briand, celui que P.-H. Loyson dénomma dans une réunion émouvante : « L'interdit de séjour de tous les partis ».

Ne s'aperçut-il pas qu'il y a certains principes moraux qu'il est impossible de transgresser sans en subir assez vite tout l'opprobre ? Une République ne saurait s'assurer un long avenir par des habiletés verbales, des faux serments d'occasion ou des adaptations fugitives. Sans doute, le parti radical n'avait pas à son service une étoile de première grandeur et il ne crut pas qu'un homme simplement honnête fût assez fort pour conduire les destinées du pays et obtenir la confiance populaire. Il accepta l'orateur sans scrupule et qui a de l'estomac. Et pour l'en récompenser, l'habile orateur parla des mares stagnantes qu'il connaît bien puisqu'il en est une des plus belles fleurs et des plus dangereuses, il parla de la nécessité de l'apaisement, il se tourna contre le parti radical avec l'appui du parti radical. Suprême paradoxe qui ne put être soutenu que parce que le pouvoir a des ressources de corruption que les hommes politiques connaissent bien, étant chargés à chaque instant par les électeurs d'y avoir recours...

Un peu tardivement, le parti radical voulait secouer le joug sous lequel il se maintenait volontairement. Et il y parvint. Mais aussitôt les questions personnelles apparurent. Et la discipline fut incapable de maîtriser l'activité brouillonne de ceux qui rêvent de portefeuilles ou de profits matériels. Très vite, les ministres se trouvaient discrédités par leurs propres amis, et l'on arriva ainsi à un ministère Poincaré, dont quelqu'un disait sans injustice que c'était, depuis l'affaire Dreyfus, le premier ministère nationaliste.

Évidemment, les questions de politique extérieure ont pris, à notre époque de guerre balkanique, le premier plan. Qui ne voit cependant que notre premier ministre, censeur sévère des traités secrets lorsqu'il opérait, en qualité de rapporteur, contre Caillaux, continue les errements anciens et ne consent à nous informer des tendances de ce que ses thuriféraires appellent de la grande politique que pour nous avertir qu'il est bon de se tenir prêts à prendre les armes. Nous continuons à être au régime des traités secrets, des clauses secrètes, de tractations plus ou moins nettes. Ministre républicain, il suit les exemples des chanceliers des empires voisins. D'un côté, les aspirations populaires ; de l'autre, la politique des gouvernements, politique hasardeuse, périlleuse, sans logique, au jour le jour, aujourd'hui avec les Turcs, demain contre eux ; aujourd'hui pour le *statu quo* ou le désintéressement, demain pour les annexions et les zones d'influence, si bien que l'on peut dire en conclusion que la paix se maintient malgré les imprudences des gouvernants. Et si encore ces imprudences n'étaient pas encouragées ! Quelle besogne font donc ces ministres civils de la guerre et de la marine qui s'ingénient à plagier les militaires et à épouser leurs passions ? Ils excitent les sentiments chauvins de notre race ; ils la trompent en criant comme le maréchal Lebœuf que tout est prêt, archiprêt, ce que nous savons être, malheureusement, trop inexact.

Et, pendant que le président du conseil défend la frontière, pourquoi ses autres collaborateurs de l'intérieur et de l'instruction publique restent-ils inertes devant la campagne engagée contre l'école laïque ? Quel est donc leur secret ? Chacun à leur tour, ils ont déclaré que l'école était la pierre angulaire de l'esprit républicain, et ils la laissent ébranler par les coups répétés que lui portent ses adversaires. Quelle politique d'ingratitude et d'imprévoyance !...

Que le parti radical adopte donc nettement une politique scolaire et s'y tienne, et qu'elle soit offensive ;

Qu'il se discipline ;

Qu'il ait des chefs et qu'il les soutienne au gouvernement ;

Qu'il ait la responsabilité du gouvernement, puisque son effectif l'investit de cette responsabilité ;

Qu'il tienne ses engagements ;

Qu'il écarte résolument de lui ces hommes qui, comme le disait Lamartine, « ne se servent des plus saintes espérances de l'humanité que comme d'une arme pour conquérir les positions politiques, ...et font croire au peuple, perverti par de tels exemples, qu'il n'y a ni vérité ni mensonge, ni vertu ni crime en politique, et que le monde est au plus habile et au plus audacieux ».

Le docteur *Bouillet*, membre du Comité exécutif, exprime sa vive sympathie aux organisateurs de ce Congrès et les félicite pour l'œuvre de rénovation qu'ils ont la ferme volonté de poursuivre.

Le parti radical-socialiste, auquel il a toujours appartenu, dit-il, a, sans conteste, joué un rôle politique très important et très utile. Mais, selon une expression vulgaire, il semble avoir fait son temps, et maintenant, par la force des choses, il se trouve sur son déclin. Depuis plusieurs années, partagé en diverses coteries parlementaires, désagrégé par certaines ambitions trop impatientes, il se montre dans l'impossibilité de réaliser son programme économique et même de consolider l'œuvre laïque, qui a été sa principale raison d'être.

Et pourtant, dans ce parti, il y a des jeunes très dévoués, très sympathiques et de beaucoup de talent, toujours prêts à répondre à qui fait appel à leur concours. Malheureusement, leur effort est annihilé par des influences qu'il est inutile de rappeler ici et que tout le monde connaît. Le récent incident du *Bulletin* montre trop clairement la façon dont les jeunes sont traités, les déboires qui les attendent et, d'autre part, le peu de cas que l'on paraît faire de la loyauté et de la probité politiques.

D'ailleurs, depuis longtemps, la masse du parti n'a plus aucune action sur ses élus. Elle a beau protester dans les congrès, réclamer chaque année les réformes inscrites au programme : les parlementaires qui lui doivent leur élection s'en moquent pour la plupart et souvent votent le contraire.

— Il serait vraiment fâcheux et infiniment regrettable que vous, les jeunes, vous veniez dans un parti qui ne sait même plus se faire respecter de ses mandataires et donne l'impression de ne plus avoir ni direction ni unité politique.

Le citoyen *Edmond Bloch* répond au docteur Bouillet :

Nous avons pris l'étiquette qui représente le mieux nos aspirations politiques. Radical-socialiste, nom lourd à porter, mais qui répond à notre programme. Nous disons ce que nous sommes, quel que soit le danger ; nous ne voulons pas être habiles, ce serait manquer de courage. Dans la génération qui nous a précédés, on s'est laissé griser par les mots et le résultat est pitoyable. Aujourd'hui, nous nous défions des doctrines. Nous voulons les juger à la lumière des méthodes scientifiques que nous avons apprises à l'école laïque. Des chiffres, des monographies, entreront dans les discours politiques de demain : nous n'aurons plus l'éloquence des orateurs d'autrefois, car nous voulons nous occuper surtout de réalisations.

Nous voulons une moralité absolue. Pour l'homme politique, la signature mise au bas d'un programme oblige autant que la signature du commerçant sur une traite. La jeunesse a des exigences de conscience qui l'amèneront à faire des exécutions impitoyables — et qui l'empêchent de se précipiter aveuglément vers le socialisme

Le citoyen *Grandigneau* confirme ces aspirations très nettes de la jeunesse d'aujourd'hui.

Dans le Parlement, l'atmosphère isole l'élu de la mentalité du corps électoral. On s'incline devant les autorités et pas devant les compétences. En 48, les parlementaires étaient arrivés à être discrédités et la situation d'aujourd'hui s'en rapproche : on se méfie de toutes les promesses et de tous les programmes.

Les jeunes doivent entrer dans le parti radical pour y remplacer les vieux, y rallier tous les militants obscurs et rappeler le parti à son programme qu'il a oublié depuis le Congrès de Dijon.

En réponse à une question du citoyen Sancerme, notre directeur P. H. Loyson affirme qu'il suffit d'avoir lu les *Droits de l'Homme* pour savoir que nous avons un idéal vivant auquel nous sacrifions ce que les autres poursuivent : les décorations... les palmes, les honneurs, et auquel nous donnons nos forces et notre ardeur. (Vifs applaudissements.) Nous revêtons aujourd'hui la cuirasse, nous penserons au panache demain !

M. le sénateur *Rereillaud*, obligé de se retirer, donne la présidence à *Ripault*.

Vote d'un ordre du jour relatif à la Présidence de la République

Le citoyen *Martin-Mamy*, membre du Comité exécutif du parti radical et radical-socialiste, présente au Congrès l'ordre du jour suivant :

« Les républicains d'avant-garde réunis au café du Globe, le 29 décembre 1912, en raison de la gravité de la crise actuelle du régime,

« Constatent qu'en posant actuellement sa candidature à la présidence de la République, M. Raymond Poincaré accentue la désagrégation déjà considérable du parti républicain ;

« Adressent un appel à tous les républicains fidèles à la politique féconde de l'union des gauches afin que, se conformant à la logique politique, ils fassent bloc sur un homme choisi dans la véritable majorité républicaine et laïque et dont le passé sans défaillance constitue le meilleur titre aux yeux de la démocratie.

« Et demandent à l'élu du Congrès de Versailles de ne pas appeler au pouvoir un de ces hommes qui, par l'exemple fâcheux de leur vie politique, contribuent à la démoralisation nationale. »

Le citoyen *Sancerme* proteste contre cet ordre du jour ; il demande à qui s'adresse le dernier paragraphe qui vient d'être lu.

Le citoyen *Martin-Mamy*. — A Briand. Si vous voulez qu'on inscrive son nom, pour moi, je n'y vois pas d'inconvénient.

Le citoyen *Pontet-Brun*. — MM. Poincaré et Millerand n'ont rien fait pour prévenir l'accaparement et empêcher le blé de devenir cher, parce qu'ils ont fait passer leurs intérêts d'avocats avant l'intérêt du peuple et même celui de la défense nationale.

Le citoyen *Sancerme*. — Ce sont les radicaux qui ont travaillé dans les coulisses pour obliger Bourgeois à refuser la candidature présidentielle.

Le citoyen *Loyson*. — M. Poincaré a fait venir chez lui le médecin personnel de M. Bourgeois ; il a provoqué aussi la candidature de M. Ribot. Nous en avons assez de ces manœuvres scandaleuses, assez aussi d'être gouvernés par l'opposition. (Applaudissements.)

L'ordre du jour, mis aux voix, est adopté.

Mme *Brunschwicg*, secrétaire générale de l'Union française pour le suffrage des femmes, dépose sur le bureau du Congrès les ordres du jour suivants, qui, mis aux voix, sont adoptés sans discussion :

1° « Le Congrès de la Renaissance républicaine,

« Approuvant les revendications des Françaises au sujet du droit de vote des femmes en général et, en particulier, *du vote et de l'éligibilité des femmes pour les fonctions municipales*,

« Emet le vœu que la proposition de loi Dussaussoy-Buisson, déposée dans ce but devant le Parlement, soit discutée au plus tôt. »

2° Le Congrès de la Renaissance républicaine émet le vœu :

« Que les partis de gauche inscrivent le suffrage des femmes à leurs programmes et admettent dès maintenant les femmes dans leurs organisations. »

La proposition suivante du citoyen *Sancerme* est aussi adoptée :

« Le Congrès de la Renaissance républicaine adresse l'expression de sa plus vive sympathie à toutes les travailleuses françaises et notamment aux 4,200,000 salariées de l'industrie, du commerce, de l'État et de l'agriculture.

« Il déclare que l'affranchissement civil absolu pour la femme s'impose et qu'il y a lieu d'agir énergiquement pour l'application dans le plus bref délai possible de la formule républicaine : *A travail égal, rémunération égale.* »

La séance est levée à midi.

SÉANCE de l'APRÈS-MIDI

À deux heures, la séance est reprise sous la présidence de *Martin-Mamy*.

Ripault voudrait que la pensée de Gambetta présidât à cette réunion.

Puis la parole est donnée à *P. H. Loyson*.

DISCOURS DE P.-H. LOYSON

Camarades,

Depuis plus de deux ans, certains n'ont cessé de faire aux *Droits de l'Homme* le reproche d'être un organe d'idéalistes sans point de contact avec les réalités. Aujourd'hui que l'idée qui nous inspirait, planant au-dessus de nous dans la lumière, descend résolument sur terre et prend sa place dans la mêlée, on nous fait ce reproche contradictoire, et combien étrange, on l'avouera, de manquer d'idéal dans ce Congrès ! Nos critiques vont avoir satisfaction ; j'espère qu'ils seront bien servis. Si les grandes pensées viennent du cœur, les fortes actions en viennent aussi, nous sommes dans cette salle pour le prouver.

Je me souviens que dans ma jeunesse, alors que j'habitais l'Italie, je m'arrêtai un soir dans la campagne de Rome devant un spectacle mélancolique. Sous la morne majesté d'un ciel qui avait contemplé trop de désastres, une famille campait parmi les ruines. L'homme, debout, adossé à un fût de colonne, fumait sa pipe, les yeux mi-clos, et la fumée s'élevait à peine ; la femme, accroupie, le visage caché dans ses mains, les genoux ramenés sous le menton, semblait un symbole de l'abdication de tout effort ; un enfant endormi gisait, échoué à leurs pieds. C'était à croire qu'il y avait un siècle que ces gens gardaient cette attitude, et qu'un siècle encore s'écoulerait avant leur réveil de cette torpeur accablante, où ils goûtaient sans doute je ne sais quelle mortelle volupté.

Eh bien, à la veille d'organiser ce Congrès, j'évoquai ces victimes de la malaria romaine, songeant à la malaria politique qui assoupit en ce moment la France. Car c'est l'instinct vital qui nous a fait pousser ce cri : « Sortons d'ici ! En avant ! »

Ce pays s'endort, en effet, se désintéresse de l'effort républicain. L'opinion publique ? Elle n'existe plus ! Comme certaines femmes dites comme il faut, elle est prête à se vendre pour une breloque. La presse est tombée plus bas que sous l'Empire, pareille à ces chiens qui portent au cou la trace du collier et qui ne savent plus aboyer ou qui, plutôt que d'aboyer contre les maraudeurs, aboient contre leur propre maître. Les journaux se sont tus sur notre manifestation ou, à part une ou deux exceptions, en ont parlé sans bienveillance. Le *Radical* seul, et c'est son honneur, étant donnée sa qualité officielle, nous a fait une honnête mesure.

MM. Bourgeois et Steeg sont dans le ministère comme d'anciens officiers rétrogradés. Le gouvernement est présidé par des outsiders, et les radicaux sont gouvernés par des réactionnaires.

Nous sommes dotés du premier ministère nationaliste que nous ayons eu depuis l'affaire Dreyfus ; Millerand renforce la défense nationale, et je ne saurais que l'en féliciter, mais il y joint des manœuvres d'antichambre, sacrifie l'avenir des officiers républicains aux discipline du père Dulac, et avoue qu'il veut ramener l'armée au point où elle en était avant l'Affaire. Le général Lyautey a publiquement baisé l'épée d'Austerlitz, celle d'un traître à l'idéal républicain ; pourquoi n'est-il pas allé se découvrir devant la colonne de Juillet, élevée aux martyrs de la démocratie ? Par l'article 4, M. Aristide Briand a jugulé la loi de séparation des Églises et de l'État, comme une accoucheuse étoufferait l'enfant qu'elle aurait aidé à mettre au monde. M. Poincaré, lui, est aussi honnête qu'il est habile : il a dit à M. Ch. Benoist : « Ce qui nous sépare, c'est toute l'étendue de la question religieuse » ; mais, lorsque, ayant pris l'initiative d'un monument à Lamennais, ce grand démocrate qui fut conduit par tout le peuple à la fosse commune, je m'adressai à M. Poincaré, il me refusa son nom, sous prétexte que mon projet n'était « pas assez laïque » ! Cet homme, qui est de la minorité, ne doit pas être porté à la magistrature suprême par les représentants de la majorité.

Le résultat le plus évident de ces complicités et de ces confusions, c'est, au Parlement, la démoralisation des partis de gauche.

À force de se voir gouverner par des traîtres, certains députés ont contracté le goût de la trahison, qu'ils finissent par trouver toute naturelle. Et ainsi se propage dans leurs rangs un mal pire que la malaria, je ne sais quel choléra parlementaire qui les fait mourir comme les Turcs dans les plaines de Tchataldja, loin des mêlées héroïques, sans noblesse, la culotte basse...

Et le résultat le plus profond de cet abandon de la doctrine, c'est, d'une part, la démoralisation de la classe bourgeoise, qui s'habitue le plus confortablement du monde à vivre sans morale politique, et c'est, d'autre part, la démoralisation des masses, qui haussent les épaules lorsqu'on leur parle de République.

Ainsi, la Révolution sociale risque de se faire par le peuple contre le principe de la Révolution française, parce que la bourgeoisie refuse de faire avec le peuple l'évolution sociale nécessaire. Le journal l'*Humanité* a consacré douze lignes à notre journée d'hier et a conclu ainsi : « Des mots, des mots ! » Quelle méconnaissance des ardeurs, de la bonne volonté, des dévouements dont ce Congrès est l'éclatant témoignage !

Camarades, quelle est la pensée dominante, je dirai la pensée angoissante qui nous a réunis ici ?

Montesquieu l'a dit :

« Tandis que le despotisme ne dure qu'aussi longtemps que la crainte et que la monarchie repose sur le principe de l'honneur, la république ne peut vivre qu'aussi longtemps que vit son principe : la vertu ; dès que le peuple cesse d'être attaché à ce principe, la république se corrompt. — Par là, elle est la plus coûteuse des formes sociales, et il importe d'en sentir toujours, dans tous les sens du mot, le prix. »

Ce prix à payer par chacun sera d'autant plus élevé que la société évoluera davantage dans le sens de la complexité où nous croyons nécessaire de pousser son évolution.

Tout membre de la société a en effet, de plus en plus, non seulement de responsabilité personnelle (laquelle peut augmenter de même avec la monarchie et avec le capitalisme) mais de responsabilité collective.

Chacun, si humble soit-il, est pareil à l'aiguilleur qu'on aperçoit la nuit aux abords des gares, juché dans sa cabine enveloppée de ténèbres et de solitude ; chacun, comme lui, manie les leviers qui règlent la marche du grand train social. Une seule défaillance et c'est assez pour précipiter le train au désastre.

Chose paradoxale : dans notre conception, la *responsabilité individuelle* croît indéfiniment dans la mesure même où l'*initiative individuelle* se restreint.

Cette loi vaut, d'ailleurs, dans tous les ordres de la nature. Plus un organisme est évolué, plus il est fragile et vulnérable. Tranchez un rayon de l'étoile de mer, celle-ci aussitôt se reconstitue, et loin d'en périr, s'en multiplie. Lésez au contraire un des organes essentiels de l'être supérieur, c'est sa vie même qui est menacée. Ainsi, socialement, toute corruption locale est menace de mort.

Mais cette vertu si nécessaire, nous n'espérons pas, comme les socialistes, la voir résulter automatiquement d'un changement social. Pour eux, cette vertu sera l'*effet* de ce changement ; pour nous, elle en est la *condition*. Il nous semble bien à cet égard que les socialistes n'ont fait que transposer l'erreur de Rousseau, en l'aggravant. Qu'il nous soit permis de critiquer sur un point la doctrine du grand philosophe que nous avons été seuls, il y a quelques mois, à défendre contre les outrages des réactionnaires, contre les lâchetés du gouvernement.

« Restituez l'homme, disait Rousseau, dans son milieu normal, la nature, et l'homme sera bon. » « Placez le citoyen, disent les socialistes, dans une société moins inique, et le citoyen sera parfait. »

Hélas, quelle généreuse chimère ! Les socialistes et nous, du dehors, nous nous ressemblons. Pas du dedans. Nous voulons une certaine *socialisation*, mais pas une *mécanisation*. Pour le socialisme, chacun dans la grande machine sociale n'est qu'un *rouage*. Pour nous, chacun est un *ressort*. La comparaison de la machine est une comparaison dangereuse. La machine industrielle est alimentée par une force physique assurée, indéfiniment pareille à elle-même et renouvelable ; la machine sociale est alimentée par une force morale qu'il dépend de nous seuls de renouveler et de fournir. Ainsi la machine peut remplacer l'homme dans l'industrie, mais aucune mécanisation sociale ne peut remplacer le facteur humain, l'apport personnel, l'intervention constante et directe de la *conscience*. On peut mécaniser l'atelier, pas la société. L'harmonie de l'ensemble dépendra toujours de la valeur morale des unités individuelles.

Ajoutez à ces constatations qu'après la transformation de la société selon le rêve des socialistes, l'appât du gain venant à cesser, la prime à l'effort, l'aiguillon de l'intérêt (qui n'est pas toujours méprisable, étant un symbole concret de la valeur de l'énergie) seront supprimés eux aussi, d'où le danger d'un relâchement de l'effort individuel, c'est-à-dire d'un moindre rendement social.

Nous qui faisons nôtres certains points du programme socialiste, comment éviter ce péril ?

Disons, tout d'abord, que nous voyons dans ces emprunts un *moyen* et non pas un *but*. Le socialisme monopolisera-t-il tous les grands instruments de production pour les retirer à l'exploitation privée ? Nous voudrions, nous, que l'État, au rebours de ce qu'il fait, étudiât ses recettes avant d'exposer ses dépenses et qu'au lieu de tout puiser dans la poche du contribuable, d'enlever à Pierre pour donner à Paul, il créât de la richesse pour gager sa politique sociale.

Dès lors, parmi les instruments de production et d'échange, il examinerait quels sont ceux qui se prêtent le mieux au monopole, dans l'intérêt même de leur fonctionnement. Ceux-là, qu'il les prenne quand il se sentira adapté à ce rôle, capable de justifier son privilège par la réussite. Cela lui sera plus profitable que d'intervenir en qualité de syndic des faillites, comme dans l'affaire de l'Ouest-État.

À cet égard, nous ne sommes pas socialistes ; nous sommes (qu'on nous pardonne ce néologisme) *productivistes*.

Mais comment éviter le péril du relâchement ? Voilà le grand point. D'abord, en *industrialisant* nos monopoles ou exploitations d'État, au lieu de les *fonctionnariser*.

Pour assurer la bonne marche de nos services publics, nous nous trouvons, pas comme d'autres pays, un auxiliaire naturel dans le caractère et les traditions de notre race : discipline morale en Angleterre, discipline de fer en Allemagne. Comment corriger cette atrophie du sens de la responsabilité, qui est une des marques d'infériorité imprimées par le catholicisme sur les peuples de race latine ? Nous l'avons dit : par une intensive culture de ce sens lui-même chez tous les citoyens en général, et surtout en exigeant une plus grande moralité au sommet de l'échelle sociale, c'est-à-dire au point d'où part l'exemple. Le corps est intact aussi longtemps que la tête est saine. C'est de haut en bas que se fait la démoralisation.

La démoralisation, cet acide carbonique asphyxiant, descend. Ainsi en va-t-il dans la « Grotte du Chien », à Naples, où se firent des expériences fameuses. Or, aujourd'hui, la « Grotte du Chien », c'est la République tout entière.

Si, comme nous le demandons, les fonctionnaires des services publics de gestion doivent être pécuniairement intéressés au bon rendement de leurs industries, ils doivent de même être frappés pécuniairement pour leurs fautes professionnelles, en haut comme en bas, et en haut surtout. Ils doivent compte à l'État de la formation professionnelle que l'État leur donne. Il est bien humain qu'un ingénieur qui reçoit de l'État de petits appointements soit tenté de répondre aux offres des sociétés privées. Et c'est pourquoi devrait s'imposer la participation aux bénéfices. Mais il est absolument inadmissible qu'ayant été formé aux frais de l'État, cet ingénieur, ancien officier d'artillerie, du génie ou de l'armée navale, passe au service des compagnies privées sans dédommager la nation qui lui a fourni ses capacités. C'est cependant un cas des plus fréquents. L'État ne conserve ainsi à son service que des moindres valeurs, et ce rebut même ne se décourage pas : dès l'obtention de la Légion d'honneur, il voit remonter sa valeur marchande. Dans certaines de nos administrations, le ruban rouge équivaut ainsi à quatre mille francs de rente. C'est coté.

Vous faut-il maintenant des noms illustres ? N'est-il pas regrettable que M. Crozier, ancien ambassadeur de la République, poussé dans le monde par cette fonction, ait cru devoir accepter une place au conseil d'administration de la Société Générale ? Et n'est-il pas déplorable, vraiment, que le général Delacroix, ancien généralissime de l'armée française, qui, à ce titre, aurait eu l'honneur de mener nos troupes à la frontière, n'ait plus eu pour tâche, descendu de si haut, que de mener à destination les wagons de la ligne d'Orléans ?

Donc, pour conjurer le marasme qui menace ou menacerait l'industrie d'État, nous proposons ces deux mesures inséparables l'une de l'autre : *participation des fonctionnaires aux bénéfices, dédit à verser par les hauts fonctionnaires en cas d'abandon de leurs postes.*

Mais, camarades, qu'est-ce le fonctionnement des services d'État en regard du fonctionnement de la France, de la vie même de la République ! Ce n'est pas chez les seuls fonctionnaires, c'est chez tous les citoyens qu'il faut exalter le sens du devoir. Ici, l'Idéal doit sauver les Faits. Sans le support du Principe, l'Acte fléchit. A l'exemple de tous les grands docteurs (entendez le mot comme il vous plaira, car ils furent les médecins des époques malades), les Jésus-Christ et les Marc-Aurèle, ce que nous devons prêcher en ce moment, en France, c'est, avant toute chose et sur toute chose, la résurrection de la Conscience. A toutes les époques le mal est puissant. Aujourd'hui, en d'autres pays, le mal est aussi puissant que chez nous. Ce qui seul importe au salut d'un peuple, c'est qu'en lui les puissances de Bien soient supérieures aux puissances de Mal. La balance, chez nous, marque le contraire. Les pays latins qui ont rejeté la discipline individualiste qu'assura le protestantisme aux pays anglo-germains, sont les plus exposés à l'anarchie civique. La Révolution française n'a pas eu les profondeurs morales, mais seulement les altitudes intellectuelles. Son œuvre politique et sociale, nous devons la reprendre à la base par l'approfondissement de l'idéal républicain. Nous devons accomplir le miracle laïque.

Le sentiment républicain, j'allais dire, camarades, la royauté républicaine, de chacun de nous, doit devenir une religion vivante, pratiquée aussi bien dans la vie privée que dans la vie publique, qui sont garantie l'une de l'autre, une religion qui donne conscience au citoyen de son poste d'honneur dans la Cité, à la nation, conscience de sa place dans l'Humanité, à l'humanité, conscience de sa mission dans l'Univers. Certes, nous ne pouvons nous emparer ni du mystère de la destinée humaine, ni de l'énigme de l'infini, mais nous avons le devoir de croire que nous remplissons une mission divine dont nous nous investissons nous-même.

Si cette conviction n'est pas la nôtre, nous ne sommes pas de vrais laïques.

Pour ma part, intégralement et passionnément républicain, j'éprouve l'harmonie de ma conception politique avec ma conception cosmique, je me sens une petite parcelle de ce qui sera plus tard le Tout humain, de ce qui sera peut-être le Tout divin. Grande est donc ma responsabilité. Je la voudrais plus grande encore. Et j'accepte qu'à la première défaillance on vienne me jeter à la face les paroles que je prononce ici.

Il ne faut jamais désespérer. Toujours la conscience française rend un écho magnifique lorsqu'on lui parle de droiture. A défaut des vivants, qui ne sont parfois que des caricatures, nous avons pour nous les grands morts, qui sont les vivants éternels, les Gambetta, les Ferry, les Floquet, les Ranc, cette phalange-là, on ne l'entame point ! Et s'il faut que nous allions remuer leur cendre, nous la ramasserons dans les cimetières pour en repétrir une génération !

Lorsqu'à l'aube obscure de l'histoire se produisit le miracle humain et que l'anthropoïde devint homme, les petits de la femelle, ameutés à l'ombre de la caverne, se disputaient le butin de la chasse. Un jour, l'un d'eux eut l'intuition de sa nature d'homme, un éclair jaillit de ses yeux ternes, il fit un geste fraternel, interdit la ruée fratricide : ce fut le fondateur de la société. Eh bien ! cette caverne de la tribu bestiale, son ombre à nouveau pèse sur nous et nous faisons ici le même geste : Assez de curée ! à l'idéal !

O République ! inaccessible et imprenable comme toute idée qui domine l'homme, quelles que soient les maladies honteuses qu'on ose propager en ton nom, quelle que soit la chemise dont on ait vêtu ton simulacre, nous te gardons confiance et amour. A toi nos efforts, à toi nos vies, à toi nos âmes ! Sauve-nous d'abord et nous te sauverons !

Une longue et chaleureuse ovation accueillit ce discours. Le président Martin-Mamy remercie P. H. Loyson de ses viriles paroles.

« Si la République devait périr, dit-il, des militants comme Loyson auraient au moins sauvé son honneur. »

DISCOURS DE M. LÉVY-ULLMANN

Ainsi que l'avait fait la veille son collègue et ami Vollaeys, au nom du comité exécutif, le citoyen Lévy-Ullmann engage tout d'abord les jeunes militants de la Renaissance républicaine à adhérer au parti radical et radical-socialiste organisé. « Pourquoi en serait-il autrement, dit l'orateur. Notre programme ? Vous l'avez adopté hier dans toute son intégrité. Notre étiquette ? Elle ne vous effraie pas ; d'ailleurs elle n'est pas intangible et l'on pourrait rechercher aujourd'hui avec fruit une étiquette plus moderne pour désigner le parti réformiste, le parti d'action laïque et sociale qui caractérise celui auquel nous nous rattachons.

Je sais ce qui retient certains d'entre vous. Entre les royalistes, les bonapartistes, les cléricaux, les conservateurs sociaux d'une part, et les collectivistes de l'autre, partis qui se réclament tous d'un idéal propre et distinct, nous prenons, diton, posture d'humiliés et, pour certains, nous allons ainsi de réformette en réformette, au gré des circonstances, du hasard, de l'opportunité du moment.

C'est un admirable mensonge. Notre parti possède un idéal. Depuis les stoïciens qui le dégagèrent à travers toute la morale antique, jusqu'aux encyclopédistes, jusqu'à la Déclaration des droits de l'homme, jusqu'aux moindres conquêtes révolutionnaires, c'est l'idéal le plus fin qui eût jamais sollicité la conscience humaine ! Nous sommes les individualistes, nous sommes les champions du droit individuel...

Ici, dans un développement que nous ne pouvons reproduire, M. Lévy-Ullmann montre comment toutes les réformes sociales inscrites au programme radical, l'intervention même de l'État et le fédéralisme économique, traductions juridiques du précepte social de la solidarité, ont pour but l'accroissement et la défense de ce droit individuel qui nous est cher.

Mais précisément parce que nous sommes des individualistes, poursuit l'orateur, l'individu, pierre angulaire de l'édifice, doit tendre à se régenter lui-même, à se perfectionner à tout instant.

Une morale individuelle républicaine est indispensable à l'homme social.

Où puiser cette source de vertu féconde ? L'orateur la recherche dans les écrits des philosophes. Et il préconise comme précepte de morale le conseil que Sénèque donnait à son disciple Lucilius, dans la première de ses épîtres : « Ita fac, mi Lucili, vindica te tibi. » « Règle ta conduite, mon cher Lucilius ; revendique toi à toi-même. » L'orateur insiste sur le sens très technique du mot vindica employé par le philosophe. C'est l'expression la plus énergique, dans la vieille société quiritaine, de la sanction du droit de propriété. C'est du Latin dépouillé de ces arpents de terre dont la lance romaine symbolisait l'acquisition. C'est l'appel suprême au tribunal du juge. Eh bien, nous devons nous revendiquer à nous-même... Nous devons nous traduire nous-même devant le tribunal de notre propre conscience, pour nous arracher à l'ennemi intérieur qui tient à atténuer en nous la perfection morale de notre âme.

Nous devons nous revendiquer à nous-même contre l'erreur, le mensonge, la superstition. Pratiquer la méthode scientifique exacte avec la plus stricte rigueur.

Nous devons nous revendiquer contre les passions mauvaises (alcoolisme, passion du jeu, des courses) et contre les paradis artificiels de l'éther, de la morphine, de l'opium qui ont tenté, d'une façon néfaste, quelques jeunes universitaires !

Nous devons nous revendiquer en nous-même contre la mollesse et la lâcheté. Éduquons notre volonté et notre force de résistance par des exercices appropriés.

Nous devons nous revendiquer en nous-même contre les bas calculs de l'intérêt personnel, qui, dans le monde parlementaire principalement, dans le cœur des hommes près d'arriver, ont engendré l'immoralité politique que nous combattons aujourd'hui.

Nous devons nous revendiquer en nous-même contre les bas calculs de l'envie, de la jalousie, de la haine contre nos semblables, destruction de toute discipline dans un parti politique. A côté de la justice sociale, nous poursuivons la fraternité humaine.

Et c'est à cette seule condition d'armer nos âmes de la vertu, de la pureté, de la sereine incorruptibilité qui faisait la force indomptable des Robespierre et des Saint-Just, que nous pourrons alors, la tête très haute, aller au peuple, ainsi que nous y incitait Buisson, et lutter avec lui, nous, bourgeois, pour la rénovation sociale, pour la renaissance républicaine !

DISCOURS DE PAUL PAINLEVÉ

L'orateur félicite les organisateurs du Congrès du succès de leur manifestation. Parlementaire, il fait des réserves sur la sévérité des jugements qui ont été portés sur le Parlement, sur son œuvre et sur ses membres, sévérité qui ne tient pas assez compte des difficultés politiques que connaissent tous les grands pays. Mais n'est-ce pas le droit et le devoir de la jeunesse d'aller jusqu'au bout de sa pensée, d'opposer l'idéal incorruptible aux réalités imparfaites ? Le temps ne se chargera que trop vite de la guérir de son intransigeance.

L'orateur est pleinement d'accord avec le Congrès sur ce fait que la République traverse une crise de moralité politique. La confusion est dans tous les partis, mais avant tout dans le parti radical, qui est momentanément en majorité à la Chambre, et au pouvoir depuis quatorze ans. Autant il a été vaillant sous l'opposition, quand il luttait de toute la propagande de ses militants contre l'argent, l'Eglise et le gouvernement coalisés, autant il s'est montré débile, une fois installé solidement au pouvoir. Il a paru trembler à la fois devant l'exécution de son programme et devant le risque de rentrer dans l'opposition. On a vu les mêmes hommes combattre brutalement au pouvoir les doctrines qui venaient de les y porter. Le parti radical a accepté trop souvent de faire au gouvernement la politique de ses adversaires, pourvu que ceux-ci lui abandonnassent l'apparence de la puissance. Il a oublié que pour un parti il n'est pas de pires défaites que les victoires illusoires qu'on paie du reniement de ses principes.

Et puisqu'il était inlassablement le parti du pouvoir, tous les ambitieux qui aiment le pouvoir, tous les candidats qui en ont besoin, se sont faufilés dans les rangs radicaux. L'épithète de radical est devenue un mot de passe électorale, une cocarde qu'on arbore pour franchir le difficile passage des élections et qu'on range soigneusement dans un tiroir pour quatre ans. Si cela se prolonge encore, le parti radical ne sera plus un parti, mais une cohue. Pour vivre,

il faut qu'il se purifie, qu'il élimine les éléments équivoques.

Si ce n'était là qu'une crise de parti, le mal ne serait pas grave. Les partis, comme les problèmes politiques eux-mêmes, évoluent avec le temps. Des vieux partis disloqués, naissent des partis nouveaux mieux adaptés aux difficultés nouvelles. Mais cette crise de moralité est plus profonde : elle atteint l'âme même de la nation, et surtout de la jeunesse. Elle engendre une indifférence sceptique et malveillante à l'égard du régime. La foi dans l'idéal républicain semble faiblir.

La prochaine élection du président de la République a rendu ce malaise plus sensible encore. Des hommes qu'on croyait de fermes républicains manifestent hautement une conception du rôle du président, qui ne sera rien moins que la négation du véritable régime parlementaire. Ils réclament un homme qui détienne à la fois ce droit de mener les affaires étrangères et de diriger l'armée et la marine, en un mot, un maître inamovible pour sept ans de la politique extérieure et des armées de terre et de mer. Ce serait, sous le nom de République, une semi-dictature. Il est inutile de souligner le joyeux accueil que de telles conceptions rencontrent chez tous les partisans avoués ou non des régimes césariens.

Les véritables républicains ne doivent accepter aucune dictature ni semi-dictature. Les événements les plus douloureux ou les plus inquiétants qu'a connus la République depuis qu'elle existe sont imputables, non pas au régime républicain, mais aux survivances non républicaines du régime. C'est la politique personnelle, ce sont les traités secrets, c'est l'absence de contrôle du Parlement sur l'armée et la marine qui nous ont valu Fachoda, l'incident de Tanger, Agadir. Le président du conseil lui-même disait à Nantes qu'une démocratie doit connaître et diriger sa politique étrangère. Comment le ferait-elle si elle ignore les engagements qui sont pris en son nom et les forces vraies dont elle dispose. La diplomatie d'une démocratie doit être une politique à ciel ouvert ; elle doit renoncer aux rouries, aux traquenards insidieux, aux combinaisons mégalomanes, qui sont d'ailleurs un anachronisme dans les relations internationales. Mais elle aura pour elle et cette force morale d'avoir constamment tout le pays derrière soi. Contrôle permanent du Parlement sur la politique extérieure et sur la défense nationale, voilà la véritable doctrine républicaine, celle qui ne prête pas aux surprises douloureuses. La France n'a pas besoin d'un maître à l'Elysée, mais d'un président qui préside et ne gouverne pas. L'homme qui sera placé à ce poste d'honneur doit être comme une conscience vigilante et avertie de la nation, un arbitre, un trait d'union entre les divers partis républicains, qui maintienne la continuité entre les ministères successifs seuls responsables, mais n'ait point la prétention de les diriger.

Les républicains du Congrès n'oublieront pas que c'est à leur libre vote et non à un plébiscite que la sagesse de la loi a remis la désignation du futur président de la République ; ils ne prêteront pas l'oreille aux conseils de leurs adversaires ni au croassement des grenouilles qui demandent un roi. Ils montreront qu'il existe encore au Parlement une majorité de républicains pour lesquels le mot République a gardé la plénitude de son sens.

DISCOURS DE PAUL-BONCOUR

Lorsque les applaudissements qui accueillent la fin du discours de notre éminent ami sont terminés, M. Paul-Boncour prend la parole (1).

« Il peut y avoir des coupables au Parlement, déclare-t-il, mais les plus coupables ce sont les partis républicains qui ne savent pas imposer la discipline. (Très bien !) Les grands partis au pouvoir contiennent dans leurs rangs des hommes qui sont profondément séparés par leurs idées sur la question sociale. Il y a des communautés profondes entre tous les groupes de gauche. Sous quelle forme pourrons-nous traduire cette communauté ?

Chaque groupe pourrait vous dire, comme me Lévy-Ullmann : « Venez chez nous ! » Non, restons chacun dans son groupe, et formons un groupe comme à la Chambre, le *groupe d'action républicaine et sociale*, qui réunit des radicaux, des radicaux-socialistes et des républicains socialistes. On n'y est admis qu'après un examen sévère de sa conduite et de ses votes et après avoir signé une profession de foi à laquelle ressemble étrangement votre ordre du jour d'hier soir. Nous avons ajouté que chaque fois que seraient engagés dans un vote les principes constitutifs du groupe, quiconque y manquerait serait impitoyablement exclu. (Bravos.)

« C'est un ancien ministre qui vous parle et il l'a été trop peu de temps pour avoir été corrompu. (Rires.) Ne diminuez pas votre action en l'absorbant dans une lutte contre certaines individualités. Ce qui est démoralisant, c'est surtout le milieu. « Qui fera le prochain ministère ? » Question naturelle. Mais voici qu'on ajoute, et c'est la question démoralisante : « Dans quel sens l'homme désigné fera-t-il son ministère ? » (Sensation.) Les programmes des hommes politiques ne sont pas pris au sérieux ; et, pour sauver les programmes, les partis sont trop divisés. Au-dessus des partis, constituons donc celui des républicains de principe et disciplinés. Il faut dans le pays des organisations qui répondent à notre groupe à la Chambre et assurent la réalisation des réformes économiques dont dé-

pend l'avenir de la République. Il nous faut une sorte d'Alliance démocratique sociale de gauche. (Applaudissements.) Préparez la Chambre prochaine, le triomphe des démocrates honnêtes, probes et décidés à une action sociale. » (Longs applaudissements.)

Le président remercie M. Paul-Boncour d'avoir résumé les intentions et l'esprit des organisateurs de ce congrès.

Les ordres du jour

Deux ordres du jour sont adoptés à l'unanimité :

I

Les républicains d'avant-garde, réunis le 30 décembre, au café du Globe, après avoir entendu les déclarations de M. Paul-Boncour sur la formation à la Chambre d'un groupe d'action républicaine et sociale, prennent acte de l'intention d'un certain nombre de républicains d'aller devant le pays déterminer une formation semblable et s'engagent à l'aider de tout leur pouvoir.

II

Le Congrès de la Renaissance républicaine, considérant que les démocraties reposent essentiellement sur la vertu républicaine, qui est faite elle-même du respect des lois de la solidarité sociale, du renoncement de soi-même à la chose publique, c'est-à-dire à la prédominance des intérêts généraux sur les intérêts particuliers, du respect de la parole et de la signature données ;

Considérant que cette vertu, nécessaire aux époques de luttes purement politiques, devient encore plus indispensable au moment où la société en voie d'évolution économique doit confier à la probité de ses mandataires des intérêts matériels considérables,

Estime que la première qualité requise d'un homme politique est de conformer ses actes à ses paroles et ses votes à ses promesses, condamne les évolutions qui ne sont inspirées que par de bas motifs : l'amour du pouvoir pour le pouvoir ou pour ses avantages matériels, et demande instamment aux républicains de se désolidariser d'avec certains hommes qui, en donnant au peuple le plus scandaleux exemple, soit d'adaptations successives à des rôles contradictoires, soit par une œuvre sournoise destinée à surexciter les passions chauvines qu'on avait en soi-même essayé de calmer autrefois, risquent ou de propager aux couches saines d'en bas la corruption d'en haut ou de creuser entre la République et le peuple un abîme infranchissable en acculant les travailleurs à la violence et en opposant, grâce au plus dangereux des paradoxes, la Révolution d'hier à l'évolution de demain. Le Congrès s'engage à entreprendre devant le pays une campagne de Renaissance républicaine.

Et la séance est levée au milieu d'un vif enthousiasme.

LE BANQUET

Une Pentecôte républicaine

Notre congrès venait de se terminer. Le banquet fraternel devait avoir lieu à 8 heures. Il n'y avait alors qu'une quarantaine d'inscrits, au plus. J'étais descendu au café du Globe, où, avec quelques camarades, j'étais occupé à résumer en toute hâte, pour la presse, les discours que Painlevé et Boncour venaient de prononcer à la séance. En coup de vent, on vient nous chercher : « Et le banquet ? Tout le monde vous attend ! » — « Bon, bon, répondis-je, cela va se passer en famille, laissez-moi achever le communiqué. » — « Comment, en famille ! Ils sont plus de cent ! On met des rallonges, on va servir... »

Un peu étonnés, nous remontons au premier étage, où se trouvait la salle du banquet. Elle bourdonnait comme une ruche en fête. On se pressait, on causait, on s'interpellait. « A table, les amis ! » Et, sans façon, chacun de se placer à sa guise : il n'y avait pas de petits cartons sur les assiettes, l'agape n'avait rien de protocolaire, et moi qui étais censé la présider, je me réveillai de mon étourdissement, assis entre Edmond Bloch et Martin-Mamy.

On mangea de gaillard appétit : la soupe du soir sur le champ de bataille conquis. Les tables s'égayaient de parures de femmes, sans prétentions, fraîchement coquettes, à la parisienne, ce qui est charmant. Car les dames avaient fait leur apparition en nombre, comme une poussée de fleurs après l'orage. Et d'une table à l'autre les conversations s'engageaient, se nouaient, s'élançaient comme autant de guirlandes de pensées amies. En vérité, la fête n'était pas « très bien ordonnée », mais elle fut, à coup sûr, très « fraternelle », ainsi que nous l'avions annoncée.

Tout à coup — déjà ! — vint le moment des toasts. Rien n'avait été concerté. Parlerait qui voudrait, comme il arriva. Pour ma part, je me dispensai de le faire, d'abord parce qu'au cours de ces deux journées de belle bataille, si mes camarades avaient remporté la victoire, moi j'en avais perdu la voix. Et puis surtout, comme je l'indiquais, parce qu'il ne convenait pas que ce banquet fût présidé par personne, mais seulement par un idéal qui nous avait réunis là. Je me bornai donc, au nom de tous, à remercier mon ami Bloch, qui avait été l'organisateur du congrès, le protagoniste de toutes les séances, l'âpre lutteur de tous les instants. Et je cédai la parole aux autres.

Alors se passa un phénomène que je n'oublierai de ma vie. A mesure que parlaient les orateurs improvisés — Martin-Mamy, Lévy-Ullmann, Charles Briand — une émotion grave et profonde s'empara de nous tous, à l'improviste, s'éleva, grandit comme une rumeur d'orgue qui s'enfle en tumulte sonore.

Dans l'évocation spontanée qu'ils firent de la pensée républicaine s'affranchissant à travers les siècles, chacun reprenait la parabole au point où l'autre l'avait laissée. On eût dit d'un essor à travers les cieux, chacun poursuivant l'ascension au delà de l'altitude explorée par celui qui venait de parler. Jusqu'où pourraient-ils monter ainsi ? Cela devenait si magnifique qu'on en éprouvait une angoisse. On tremblait qu'une phrase, qu'un mot — qui sait ? — ne rompît brutalement ce charme sublime, que l'essor ne se brisât à de telles hauteurs. Mais les voix alternées montaient toujours. Inconscients du but où ils tendaient, les orateurs n'étaient plus que l'organe de l'Impersonnel qui se manifestait. Ni gestes, ni éclats, une éloquence tout intérieure, qui se concentrait sur elle-même, sur la sainteté de ce qu'elle évoquait. Bien loin que l'éloquence les échauffât, on les voyait pâlir à mesure sous la flamme blanche de l'exaltation. Pas d'applaudissements, un silence intense. Les larmes ruisselaient des yeux des femmes, les sanglots étreignaient la gorge des hommes. Et lorsque la dernière voix se tut, sans un fléchissement, sans un écart, ayant atteint droit au but suprême, on s'étreignit entre camarades comme aux grands jours de la Révolution

C'est qu'en effet, pendant une heure, on était remonté jusqu'à l'Idée, jusqu'à une Réalité certaine. Nous nous sentions absorbés en Elle. Une communion nous embrasait tous. Et les morts augustes étaient parmi nous, tous les héros de la République, ceux de 1900, ceux du Second Empire, ceux de 48, ceux de 89. Ce fut vraiment une « renaissance », une descente sur nous de l'Esprit vivant, une pentecôte républicaine !

Si la République doit prochainement traverser des temps encore plus troubles, ce souvenir nous éclairera la voie, ce souvenir nous rendra la certitude. Par ce souvenir, nous maintiendrons.

Pour moi qui ne fus, ce soir-là, qu'un ami au milieu d'amis, qu'un témoin actuel de cette scène étrange ; pour moi qui ai retiré, depuis plus de deux ans, mon temps et mes forces à mes travaux pour les donner à cette œuvre vive, à ce devoir de l'immédiate action ; pour moi qui ai connu, à de certains jours, bien des fatigues, bien des rancœurs, — jamais d'abattement et jamais de doute — je déclare que cette heure de résurrection m'a payé mes peines avec usure.

C'est le moment le plus noble que j'aie vécu.

P. H. L.

Au milieu du banquet que Loyson vient de décrire, Edmond Bloch demande le silence et donne la parole au rédacteur en chef du *Radical*, notre excellent confrère et ami Yvon Delbos ; sa courte allocution pleine de verve est un entremets de plus qui n'était pas porté au menu, et qui n'a pas été le moins goûté.

Il s'excuse de troubler ainsi le banquet. (Parlez, parlez, répond-on.) Mais ses devoirs professionnels l'obligent à quitter les militants de la Renaissance républicaine. Avant de partir, il veut saluer fraternellement au nom de son journal les vaillants jeunes et les intrépides anciens qui, au cours de ces deux journées, ont si bien manifesté leur attachement aux principes qui sont ceux que quotidiennement défend le *Radical*.

Delbos quitte la salle au milieu des applaudissements et... le dîner continue.

Le café est servi. C'est l'heure des discours.

Les messages

Edmond Bloch, secrétaire général du congrès, prend le premier la parole pour lire les excuses des absents et remercier les présents. D'enthousiastes ovations saluent la communication des messages suivants :

Saint-Raphaël. — Regrette profondément état santé empêche rendre Paris pour votre congrès. Je suis vos travaux avec un intérêt passionné ; à cette heure, plus que jamais, le concours sans réserve, le dévouement, l'action désintéressée des jeunes nous sont indispensables. Puissent-ils être meilleurs que nous, il le faut dans l'intérêt de notre parti, pour l'avenir de la République. Pour vous et tous vos amis mes vœux les plus affectueux. — Henry FRÉVILLE-BOURLLOS, *député.*

✕

Monsieur, pris d'une indisposition subite, je me trouve, à mon vif regret, empêché de partir à Paris et d'assister à votre congrès.

Je le regrette d'autant plus vivement que je ne connais pas de question plus urgente que celle de cette Renaissance républicaine, à laquelle les Jeunesses républicaines consacrent tous leurs efforts. J'aurais été heureux d'applaudir à votre œuvre.

J'espère qu'une autre occasion me sera offerte de le faire, et de dire comment je la conçois. Croyez-moi votre bien dévoué. — VAZEILLES, *député du Loiret.*

✕

Permettez que je vous félicite de votre belle campagne. Vous avez bien raison de rêver une Renaissance, et toujours raison de la commencer par la jeunesse. Il est trop vrai, hélas ! qu'il y a comme une déchéance de la conscience générale, et que, sauf exceptions, la jeunesse — d'ordinaire éprise d'idéal — soit trop intoxiquée de scepticisme.

... Souhaitons qu'un grand souffle venant du large balaye les impuretés qui corrompent les générations et que les efforts des esprits généreux comme le vôtre ne soient pas stériles.

Je vous applaudis. — GUSTAVE RIVET, *sénateur.*

✕

J'ai l'honneur de prier monsieur le président de m'excuser de ne pouvoir assister au banquet en raison d'une cause indépendante de ma volonté.

Toasts aux jeunes radicaux et succès. — Général GOUART, *député.*

✕

Nîmes. — Jeunesses laïques de France envoient aux congressistes fraternel salut et manifestent espoir que leur tentative énergique de rénovation et d'assainissement soit couronnée de succès. — Georges BOCCONAIS, secrétaire général de la Fédération des Jeunesses laïques.

✕

Montpellier. — Salutations fraternelles de jeunes laïques. — BUSCEL, CETTE, des Jeunesses laïques de Montpellier.

✕

Mon cher ami,

Je suis obligé, comme je vous l'ai dit, de partir en voyage ce soir même, et cela me privera demain du plaisir d'assister au congrès et au banquet de la Renaissance républicaine.

Je 'e regrette vivement. Croyez-moi tout à fait des vôtres. — HENRI CLAMAT, président de l'Union des Jeunesses républicaines de France.

Edmond Bloch présente encore les excuses de MM. le docteur Petitjean, sénateur de la Nièvre ; E. Herriot, sénateur, maire de Lyon ; Chailley, Bouffandeau, députés ; E. Ferrasse, vice-président du Conseil général de l'Hérault ; A. Keufer, président du Comité central de la Fédération française des Travailleurs du Livre ; Ch. Berthommieu ; André Lhierx, publiciste à Niort ; Légendre, président du Groupe d'action républicaine et sociale de Brest ; Paul Allégret, de Limoges ; E. Terquem, René Lays, de la Jeunesse laïque de Paris, du vaillant journal la Défense Nationale, de Chauny.

On applaudit vivement la lecture de la carte de Mme Léon Brunschvieg, secrétaire générale de l'Union française pour le suffrage des femmes.

Après avoir vivement remercié les parlementaires et les militants qui sont venus apporter au congrès l'appui de leur parole autorisée, MM. Reveillaud, sénateur ; Paul Painlevé, F. Buisson, Paul Boncour, députés ; Lévy-Ullmann, Vollaeys, du Comité exécutif du parti radical et radical-socialiste, Edmond Bloch fait applaudir toute la presse républicaine de Paris et de la province qui a si bien accueilli l'idée de la renaissance républicaine, à Paris : le Radical, le Bulletin officiel du Parti radical, le Rappel, le vaillant organe des officiers républicains, Armée et Démocratie, dont le rédacteur en chef, Nanteuil, est à nos côtés ; en province : la Fraternité des Deux-Sèvres, le Journal de Marennes, dont les rédacteurs en chef, Cadier et William Bertrand, ont pris une part active aux travaux du Congrès ; le Républicain de l'Oise, avec le brave Martin-Mamy ; le Nouvel Avenir du Finistère, l'organe de nos amis de Brest qui luttent contre les radicaux marrons, enfin et surtout parce qu'il mérite un salut spécial, parmi tous les organes républicains qui de loin ont vigoureusement soutenu notre mouvement, la France de Bordeaux et du Sud-Ouest, dont le leader, le maître ès journalisme Lucien-Victor-Meunier, a consacré de belles pages aux jeunes fils de la République.

Edmond Bloch remercie enfin les journaux et agences qui ont envoyé des reporters pour rendre compte des travaux du Congrès, notamment l'Agence Havas.

Les discours

MARTIN-MAMY

Mon premier mot, mes chers amis, au soir de ce Congrès dont je suis encore tout ému, sera pour dire publiquement la reconnaissance que garderont à Paul Hyacinthe Loyson ceux qui comme nous ne séparent pas l'amour du peuple du respect de la conscience humaine. Et vous me permettrez d'ajouter — puisque je vois notre ami Loyson faire des gestes de protestation — que s'il dressa un jour sur la scène de l'Odéon une belle figure d'Apôtre créée par sa généreuse imagination, il y en a un autre d'apôtre dont il n'a pas parlé et celui-là n'est pas un héros de théâtre mais un homme agissant et vivant, et celui-là, mes chers camarades, n'est pas loin de nous puisque c'est Paul Hyacinthe Loyson lui-même. (Longs applaudissements. L'assemblée fait une oration prolongée à Paul Hyacinthe Loyson.)

Ne vous y méprenez pas. Quand j'inflige à la modestie de notre ami de telles paroles, ce n'est pas simplement pour rendre hommage à la vérité et placer à l'honneur celui qui est si souvent à la peine mais pour bien marquer les tendances de nos esprits et les appréciations de nos cœurs. Appartenir au groupe des Droits de l'Homme, c'est avoir choisi son drapeau, le drapeau républicain, s'entend, mais un drapeau qui a eu l'honneur de traverser les vicissitudes des années et des événements sans qu'une seule tache ait altéré l'éclat de ses couleurs. Est-ce à vous que j'ai besoin d'apprendre qu'on ne pourrait en dire autant de tous les drapeaux ? Il y en a un, celui que sert Lévy-Ullmann et celui que je sers avec lui et que nous continuerons à servir, il y en a un qui après avoir claqué fièrement aux vents de la justice et de la vérité a été incliné par trop souvent et avec trop d'humilité devant les puissances d'argent, et les vaillants soldats qui le suivaient, qui le suivent encore, se demandent avec angoisse si à force de l'abaisser vers le sol, on ne va pas le laisser tomber dans la boue, et c'est au nom de ceux-là dont l'angoisse, je vous assure, est profonde, qu'un radical, un radical officiel, ainsi que l'a dit Loyson, vient remercier ici, ce soir, ceux de sa génération grâce auxquels la honte sera, j'en suis sûr, évitée.

Merci, mes chers camarades ; merci, mon cher Loyson, d'avoir traduit si éloquemment, si généreusement l'indignation, la tristesse de ceux dont je parle et dont je suis. C'est grâce à vous que le drapeau de mon parti pourra flotter à nouveau au-dessus des fronts relevés. Et il le faut, il le faut et quand je dis il le faut, quand je dis qu'il est nécessaire, indispensable qu'il y ait dans ce pays un parti radical, sain, vivant, j'oublie que j'en suis, je veux penser, dans un énergique effort de probité intellectuelle, non à mon parti mais à l'ensemble des citoyens, mais à la démocratie tout entière et si j'avais besoin d'invoquer, moi radical, sur ce point, l'autorité d'un socialiste, je rappellerais que Jaurès lui-même n'a jamais cessé de dire — et il le répétait ces jours-ci encore — que dans l'état actuel du socialisme ce serait un grand malheur pour le socialisme si le radicalisme se détruisait en se décomposant.

Entendons-nous bien. Je voudrais, si je le pouvais, résumer ici la pensée maîtresse à laquelle selon moi doivent obéir les jeunes radicaux-socialistes, je voudrais fixer en quelques mots la doctrine des radicaux, des vrais, de ceux qui méprisent les partis corrompus autant que les ministres corrupteurs, je voudrais rappeler à ces républicains fatigués qui croient que le cycle du progrès social s'est fermé avec la loi de Séparation sous se rendre compte qu'au contraire toute œuvre de libération intellectuelle, sous peine d'être une injure à l'adresse du peuple à qui on la donne, doit être suivie d'une libération économique, je voudrais leur rappeler le double devoir qui nous incombe, celui de faire front aux amateurs de violence et aux amateurs de réaction et frapper d'impuissance leur action, celui d'agir enfin, de prouver au peuple que si on le débarrasse de ses ennemis ce n'est pas pour le laisser seul.

Aux uns et aux autres, nous opposerons l'Histoire elle-même, parce que nul témoin n'est plus désintéressé et plus convaincant.

Aux uns, à ceux qui ne peuvent détourner leurs regards du passé sans s'apercevoir que ce passé qui eut sa grandeur est aujourd'hui pareil à une de ces froides et inertes statues que nous saluons en passant dans nos musées ; à ceux-là nous dirons : « Regardez donc la société frémissante dans laquelle vous vivez, puis après avoir constaté ses inégalités choquantes, ses imperfections indiscutables, ses soulèvements et ses heurts, rentrez donc en vous-mêmes et réfléchissez que ce n'est que par la justice qu'on évite la violence, parce qu'une iniquité qui se commet c'est une révolte le plus et que chaque réforme légale que vous volez c'est le spectre des révolutions sanglantes que vous éloignez de vous. Si en 1789 le passage d'une forme sociale à une autre a nécessité tant de larmes et tant de sang, c'est que la noblesse et le clergé s'étaient bouché trop longtemps les oreilles pour ne pas entendre les revendications légitimes du tiers. Ne recommencez pas les fautes de vos ancêtres, venez avec nous, appliquez dans le domaine des faits ce libéralisme intelligent qui fut si longtemps l'apanage et la vertu de la bourgeoisie française, pénétrez-vous enfin de ces lois fécondes et créatrices de la solidarité sociale, cette solidarité qui, dans une société bien organisée, doit lier à la fois les intérêts, les consciences et les cœurs. Voilà ce que nous disons aux bourgeois de ce pays, et tant pis pour eux s'ils ne nous écoutent pas.

Aux autres, à ceux qui oublient qu'une société ne vaut que ce que valent les individus qui la composent et qu'une classe ne saurait prétendre à la pleine possession de ses droits sans avoir d'abord acquis la souveraineté économique ; à ceux qui demandent aux catastrophes le secret de je ne sais quelles reconstructions, nous dirons : « Remontez donc vers cette période fumeuse du moyen âge. Voyez donc ces paysans recourant aux violences de la Jacquerie pour affirmer leurs droits à la vie. C'est la défaite et la mort qui répondent à leurs appels, parce que leur révolte n'avait pas été précédée de cette série d'efforts indispensables à tous les affranchissements.

Au contraire, faites un saut de quelques siècles jusqu'à cette date mémorable de 1789. Ah ! sans doute, la Révolution de 1789 a une tendance à apparaître à nos cerveaux comme un mouvement spontané, merveilleux et presque miraculeux et pour nous tout se résout à un peuple démolissant la Bastille. Eh bien ! cela ce n'est que le côté théâtral, si j'ose ainsi parler, mais derrière le décor, il y a, comme toujours, comme partout, la vérité économique, et la vérité économique, c'est que la bourgeoisie ne remplaça la noblesse, que parce que depuis le moyen âge, patiemment, obstinément, elle avait par un esprit d'économie admirable, par un labeur incessant, accaparé entre ses mains les moyens de production et d'échange : l'argent. Petit paysan qui remplit le bas de laine, puis qui ouvre boutique à la ville, qui lègue à ses fils un petit héritage accru de génération en génération, qui assiste impassible à la désagrégation de la noblesse dissipant sa fortune dans les orgies et les dépenses somptuaires, qui prête comme Jacques Cœur des capitaux à une monarchie aux abois, puis qui soudain, souveraine en fait parce qu'elle possède, n'a plus en 89 qu'à donner une poussée à la monarchie et à la noblesse pour les précipiter à l'abîme, voilà ce qu'est en réalité la Révolution de 1789. Voilà ce que nous dirons à ceux qui attendent les catastrophes. Mais, et j'insiste sur ce point, car il est capital, et c'est lui qui sera à mon sens le critérium grâce auquel se reconnaîtront demain les hommes pour qui le parti radical n'est qu'un véhicule destiné à les porter au pouvoir, et les hommes pour qui le parti radical est l'allée spacieuse ouverte au peuple afin qu'il marche vers ses destinées, mais — j'insiste sur ce point — parler ainsi serait une dérision si nos paroles n'étaient suivies par des actes et si inviter le peuple à s'éduquer, à s'organiser, à faire l'apprentissage des réalités économiques sans lui en donner les moyens, je dis que ce serait commettre un abus de confiance et une escroquerie et que cette mauvaise action-là, la génération républicaine à laquelle j'appartiens et dont vous êtes les meilleurs représentants, mes chers camarades, ne la commettra pas.

Le hasard des dates nous a fait débuter pour la plupart dans la vie politique au moment où les travailleurs apportaient à la bourgeoisie et aux intellectuels de ce pays une aide agissante et généreuse en faveur de la justice violée et de la vérité outragée, et un bloc qui, s'il avait vécu, aurait accompli de grandes choses, unissait tous les républicains. De tels souvenirs lorsqu'ils pèsent sur le début d'une existence imposent des devoirs précis, et je considérerais pour ma part comme une trahison et une faute d'oublier les enseignements de cette lutte en commun, et je dis avec toute l'énergie dont je suis capable que ce peuple avec qui nous avons fait connaissance pendant les jours héroïques de l'affaire Dreyfus, c'est un ami à qui nous resterons fidèles et que nous ne trahirons pas.

Telle est, me semble-t-il, mes chers camarades, la véritable pensée du radicalisme, de ce radicalisme décidé à remplir coûte que coûte sa grande mission sociale, de ce radicalisme qui, à mon sens, peut seul réconcilier les classes et mettre debout sans craintes, sans effusion de sang la République sociale. C'est cette pensée que je remercie Loyson, Bloch et les organisateurs du congrès qui vient de se terminer. Oui, mes amis, merci, merci à vous qui avez montré qu'il y avait encore une jeunesse dans ce pays. La distinction que vous avez établie entre le vrai et le faux radicalisme, il fallait qu'elle soit établie, l'avertissement angoissé que vous avez jeté à mon parti, il fallait qu'il lui soit jeté, et quand vous dites que la politique ne saurait vivre en coquinage avec cet apaisement démoralisant prôné au nom de la moralité par un des plus prestigieux artistes de l'immoralité, c'est une vérité essentielle qui devait être proclamée, car prenons y garde, si sous un régime d'autorité l'individu peut laisser se souiller les ressorts de son énergie, sous un régime de gouvernement de tous par tous, chaque individu qui abdique diminue la puissance du corps social tout entier, et c'est alors que dans l'anémie générale des Briand et des Millerand deviennent possibles. Je le dis nettement, si le champignon vénéneux que vous connaissez a pu pousser sur le fumier de l'apaisement, c'est que déjà avant Briand il y avait du fumier dans ce pays, je veux dire des hommes sans caractère et des citoyens sans courage, qui avaient perdu le goût du combat. Poussons donc, sans nous lasser, le radicalisme vers l'action et vers le combat, et dans ce combat, vous me trouverez au premier rang, parce que de toute ma conscience et de tout mon cœur,

j'appelle et je souhaite, pour la saluer avec vous, l'aurore de la Renaissance républicaine !

LÉVY-ULLMANN

Notre ami M. Lévy-Ullmann, au milieu d'un silence religieux se lève, et d'une voix grave et émue, prononce l'admirable discours qu'on va lire :

Notre excellent ami Loyson me convie à une tâche singulièrement redoutable. L'orateur que vous venez d'applaudir avec tant d'enthousiasme — et croyez bien que j'emploie ce mot d'orateur en homme de science, qui connaît toute la force qui s'attache à ce terme — l'orateur que vous venez d'applaudir a cessé de parler : et pourtant, vous l'entendez encore ! Et puis que vous dirai-je à présent de nouveau, alors que je vous ai, cette après-midi, je vous l'assure, livré le meilleur de moi-même ?

Qu'il me soit donc permis très brièvement, en toute simplicité comme en toute cordialité, de remercier du fond du cœur les organisateurs de ce Congrès, du spectacle, à maints égards réconfortant, qu'ils viennent, hier et aujourd'hui, pour ses étrennes, d'offrir à notre démocratie.

Merci à Ed. Bloch, la cheville ouvrière de cette réunion de militants, que je voyais il y a quelques années, étudiant à la Faculté des Sciences, que je retrouve aujourd'hui juriste et praticien, et qui applique aux choses sociales cette méthode exacte, cette haute culture intellectuelle que seule peut conférer la vraie science puisée aux sources de l'enseignement supérieur — à Paul H. Loyson, cet apôtre ardent et infatigable de l'Idée — à mon excellent collègue du Comité exécutif Martin-Mamy, que j'ai appris à connaître par la lecture du Bulletin de notre parti, et qui m'apparaissait, dans mon imagination, tout autre que sous cette enveloppe frêle et passionnément vibrante, tant est athlétiquement musclée la dialectique qu'il fait mouvoir dans ses pages de combat — à Martin-Mamy qui porte dans sa giberne de journaliste la plume de Camille Desmoulins, en qui il me semble maintenant voir revivre ce jeune et pâle entraîneur de foules qui, un pied sur une chaise de paille, la cocarde de feuillage vert au chapeau, haranguait le peuple du Palais-Royal au jour de grand soulèvement national. — à Martin-Mamy, à qui je suis fier et heureux de prédire ici, ce soir, l'avenir et la carrière d'un de nos grands pamphlétaires républicains...

La reconnaissance que je vous exprime, je ne vous l'apporte pas seulement de notre Parti politique. C'est toute une génération qui vous parle, cette génération au nom de qui, jeudi dernier, j'en appelais à vous, les plus jeunes, pour remettre entre vos mains ardentes les destinées de nos traditions républicaines. Oui, ce sont les pupilles de vingt ans, ce sont les gars de la trentaine qui constituent la force, la sève, le sang de la République elle-même ! Et je remercie le ciel ou la terre, ou la nature, ou le hasard, bref, ces forces mystérieuses qui, au-dessus de notre tête ou sous nos pieds, autour de nous, devant nous, par derrière, commandent en maîtresses, pour chaque homme, l'heure de la vie et l'heure de la mort, de m'avoir laissé quelques années encore — à moi dont les frères dorment déjà du grand sommeil, pour contempler, les yeux brouillés par l'enchantement, la magie de ce renouveau, le miracle de cette renaissance républicaine !

Mes vaillants amis, écoutez ici la voix d'un ancien, et croyez-le : Ceignez vos reins, les temps sont proches ! J'ai vu naître l'affaire Dreyfus ; eh bien, à des signes précurseurs qui ne trompent jamais, je vous revenir cette époque héroïque. Car notre démocratie est ainsi faite qu'elle ne progresse pas constamment ; comme les marées montent et descendent, il y a dans les conquêtes sociales un flux perpétuel suivi d'un perpétuel reflux, une alternance déconcertante du triomphe du juste sur l'injuste suivi d'un retour offensif d'iniquité. Écoutez-moi, je commence à avoir vu bien des batailles. J'étais enfant lors du Seize Mai, mais je m'en souviens comme si c'était d'hier, et j'avais compris par intuition bien plus encore que par l'intelligence, tout ce qui se passait de grave à ce moment. Je me suis battu aux jours odieux du boulangisme ; je me suis battu aux soirs abominables du nationalisme et de la grande Affaire. Dans l'opacité des ténèbres qui nous enveloppent aujourd'hui, dans cette nuit atroce de la pensée, obscurcie encore par l'épais brouillard qui entoure et recouvre tout ce qui est générateur de clarté, tout ce qui menace de percer d'un trait lumineux le voile de deuil où nous nous débattons, un éclair fulgurant a zébré l'horizon. Maintenant, voici les premiers roulements du tonnerre, avertisseurs de l'orage. Debout, camarades ! et félicitez-vous, oui, félicitez-vous d'assister aujourd'hui, et de participer demain comme combattants, à l'un des nouveaux épisodes de notre grande épopée républicaine : félicitez-vous, oui, félicitez-vous que la destinée vous ait fait naître à une telle heure que les forces de votre jeunesse, absorbées jusqu'ici par la sereine contemplation de la science, soient vouées désormais à la lutte, à l'action, à l'une de ces batailles splendides où l'adolescent devenu soldat jette comme enjeu toute la réserve d'ardeur que la puberté accumula en lui, à l'une de ces batailles magnifiques dont s'enflamment les rêves fiévreux des collégiens, où l'on se sent à la fois mourir et revivre au fur et à mesure des défaites et des victoires passagères, à l'une de ces batailles qui, absentes des souvenirs de l'homme vieillissant, feraient de son passé une vie manquée, tout ainsi que s'il ne s'y trouvait pas, dans le lointain, la caresse de la mère ou le regard de la femme aimée !

Citoyens, l'heure est marquée maintenant pour moi au sablier de la parole, où, levant, à la manière antique, la coupe pleine posée devant moi, — car ne sommes-nous pas tous ici, comme l'a si bien dit Martin-Mamy, des « païens d'aujourd'hui » ? — je dois consacrer cette libation au culte de quelque demi-dieu, à la mémoire de quelque héros.

Eh bien ! puisqu'il en est ainsi, et puisque c'est une humble action d'éclat, *non signée*, qui m'a valu de votre sympathie indulgente cette popularité légère et momentanée, qu'il me soit permis de consacrer les quelques minutes où je puis encore me faire entendre de vous, à la glorification des *morts inconnus*, de tous ceux qui à travers les temps ayant consenti pour notre idée le sacrifice suprême de la vie, n'ont apposé, au bas de leur acte, aucune signature, et dont les noms ne nous furent jamais transmis !

Interrogez l'histoire, mes amis : combien comptez-vous, par centaines d'années, de ces héros de la pensée libre, de ces maîtres du droit individuel, dont une statue, un monument, une épitaphe rappellent les traits ou la figure ? Deux ou trois en moyenne, tout au plus ! Et pourtant, c'est par des hécatombes que s'est, hélas ! jalonnée la sanglante route du progrès humain ! c'est par milliers qu'il faut évaluer tous ces êtres qui furent, de leur vivant, aimés, choyés, respectés et vénérés, enfants et vieillards, femmes et hommes. Tous, au même titre que ceux plus fortunés dont les annales nous ont légué la mémoire, ont marché d'un pas ferme à la torture, à la mort : pas un d'eux ne nous est révélé, pas un d'eux n'a d'inscription sur la plus modeste des pierres, et les voilà qui gisent tous, les pauvres morts obscurs, les morts anonymes, les morts inconnus, dans la fosse commune du souvenir !

Citoyens, militants du jour présent comme ils furent, eux, les militants des siècles défunts, obscurs comme eux, ignorés et inconnus, liés à eux par un même idéal, et par la fraternité d'une destinée semblable, reconnaissons-nous en eux, ressuscitons-les un instant en nous-mêmes, en buvant à leur mémoire abolie !

À vous d'abord, derniers républicains de Rome, ô mes maîtres les stoïciens, patriciens qui à l'époque de Sénèque, et tout aussi glorieusement, certes, ouvrîtes dans le bain chaud les veines où coulait votre sang généreux, plutôt que d'aller vous prosterner devant César !

À ces premiers chrétiens, que nous revendiquons comme des nôtres, avant que leurs indignes successeurs n'eussent trafiqué de leur religion !

Aux victimes des abominables superstitions du moyen âge, aux paysans hâves et guenilleux des hordes affamées de Jacques Bonhomme, aux squelettes décharnés des danses macabres de l'an mil, à vous tous, gloire et salut !

A vous salut, grands bourgeois et artisans des Communes, qui aux couronnes féodales chancelantes arrachèrent la charte des libertés municipales ! Ah ! qu'il était effroyable, l'enfer de l'époque où vous vous révoltâtes ! Michelet, notre grand Michelet, l'a dépeint en une page inoubliable, et vous pardonnerez à un universitaire la pédanterie de cette citation. « Le funèbre sort de l'Humanité, écrit Michelet, sonnait alors dans le glas de deux cloches. Il y avait d'abord la cloche du château, qui rappelait aux vilains courbés sur la glèbe qu'il était l'heure de porter au Seigneur les fruits récoltés à la sueur de leur front, les banalités et les amendes. Et il y avait ensuite la cloche de l'Église, dont la plainte, lente et cadencée, prêchait aux malheureux à travers la campagne : Souffre ! souffre ! souffre ! plus tu souffriras dans ce monde, plus tu seras heureux dans le monde à venir ! » Gloire à vous, bourgeois et artisans du douzième siècle, qui dans nos cités brumeuses du Nord, avez couvert ces voix funéraires du tintement clair des sonneries laïques. Oui, en face du château féodal, oui, en face du clocher de l'église, s'éleva, vengeur, les dominant de sa tour du guetteur, l'hôtel de ville, la maison commune, le rougeoyant beffroi des Flandres, où la cloche municipale, tintant allègrement au-dessus des toits, secouait la torpeur des âmes aveulies et, réveillant les courages, sonnait l'entraînant carillon de l'émancipation humaine !

A vous, salut ! martyrs de la foi, qui pendant les siècles des siècles, brûlèrent sur les bûchers de l'Inquisition, pour nous léguer la liberté de conscience. A vous, calvinistes et luthériens, qui tombèrent aux premiers jours de la Réforme ! A vous, protestants des Cévennes, que les dragons de Villars pendirent aux branches par les pieds ! A vous, miliciens de la Bastille et du Louvre, soldats de toutes nos Révolutions, combattants de toutes nos barricades, couchés par la mitraille sur le pavé rougi ! Combien fûtes-vous, morts héroïques ? 30.000, disait-on tout à l'heure, rien que pour la dernière de ces saignées, celle dont les commissions mixtes, dans leurs grimoires ensanglantés, laissent filtrer quelques statistiques ! Jugez de ce que dut être pour les autres, et quelle titanique amoncellement de cadavres représenterait le gigantesque charnier de ceux qui, depuis deux mille ans, ont donné leur vie pour notre idée !

A vous tous donc, salut, à nos grands devanciers ! Aucune pompe nationale n'a accompagné vos cercueils, aucun hymne de gloire, aucun cantique de pitié n'ont chanté vos muettes funérailles, aucun Panthéon des grands hommes n'abrite vos ossements blanchis, aucune inscription à l'arc triomphal ne mentionne sur une pierre de sa voûte ces quelques lettres dont l'assemblage y devrait évoquer vos fières personnes. Avec votre corps s'est réduit en poussière le nom même que ce corps revêtait ! Mais votre âme, ce soir, glorieux frères, votre âme entière revit en nous ! Comme vous, obscurs, inconnus, ignorés, perdus dans l'immense multitude, nous vivons, souffrons et luttons, et comme vous, s'il le faut, demain, si, à son tour, notre heure sonne, pour un idéal resté le même, pour le Droit, pour la Justice sociale et pour la Fraternité humaine, ignorés, obscurs, inconnus, comme vous nous saurons mourir !

CHARLES BRIAND

Lorsque les applaudissements prolongés qui soulignent la fin de ce discours sont éteints, Charles Briand, rédacteur en chef du *Rappel*, prononce une allocution au nom des journalistes républicains, et ajoute en son nom personnel quelques considérations du plus haut intérêt sur les causes constitutionnelles de la crise des partis démocratiques.

Il montre dans quelle situation paradoxale la Constitution monarchique de 1875 plonge la France républicaine, il décrit les besoins nouveaux créés par le développement des intérêts et des idées économiques et conclut à une réforme constitutionnelle profonde. Puis revenant à notre mouvement de beauté républicaine, il prononce cette phrase qui déchaîne l'enthousiasme : « Continuez, vous poursuivez notre libération. »

A ce moment l'émotion est à son comble, les dames pleurent, les hommes pâles sont vivement impressionnés.

Loyson se lève et d'une voix profonde termine ce congrès en disant : « C'est une Pentecôte républicaine. On n'oublie jamais des heures comme celles-là. Travaillons et vive la République ! »

Vive la République ! répond toute la salle.

LE CONGRÈS ET LA PRESSE

Du *Temps* aux journaux de province, toute la presse s'est occupée du Congrès de la Renaissance républicaine. Nos confrères, adversaires ou amis, ont compris qu'il était impossible de passer sous silence le commencement d'un mouvement qui demain déterminera un classement nouveau des partis politiques en ce pays.

Les libéraux et les radicaux marrons ne sont pas contents, on s'en rendra compte dans cette revue. Ils n'ont trouvé, tant nous avons raison, qu'un seul argument, un peu pauvre, contre nous et qui peut se résumer dans la vieille formule : la Renaissance républicaine veut pratiquer la politique de l'ôte-toi de là que je m'y mette.

On ne répond même pas à telle sottise. Nos amis nous connaissent à l'œuvre, ils savent quel sacrifice de ses forces et de sa carrière chacun de nous, dans les *Droits de l'Homme*, a fait depuis trois ans à son devoir. Mais il est plaisant vraiment de voir ce reproche nous être adressé par certains journaux qui sont des pépinières de candidats.

Le *Temps* (éditorial, première page). — Mardi 31 décembre 1912, sous le titre :

« LA RENAISSANCE »

Quelques jeunes gens, avides d'idéal ou d'influence, se sont mis en tête de rénover les mœurs du parti radical et de renouveler son programme. Afin d'accomplir ce grand œuvre, ils ont fondé un groupe qu'ils nomment la « Renaissance républicaine ». On ne sait au juste pourquoi ils ont choisi ce titre. Est-ce pour s'identifier aux immortels penseurs et aux prestigieux artistes des quinzième et seizième siècles ? Dans ce cas, ils sont trop modestes, et s'ils se sentent l'étoffe d'un Bacon, pourquoi ne projeter leurs lumières que sur le parti radical qu'ils risquent d'éblouir sans réussir à l'éclairer ?

Il est possible d'ailleurs que les régénérateurs du parti radical aient compris le titre de leur groupement à la manière antique. Radicaux et radicaux-socialistes, ils veulent renaître parce qu'ils se sentent morts.

Quoi qu'il en soit, la « Renaissance », puisque Renaissance il y a, tient en ce moment son congrès : « Je parle, donc je suis », a dit le philosophe ou quelque chose d'approchant, et à ce congrès, auquel assistaient le sénateur Petitjean, le député Ferdinand Buisson et quelques jeunes ayant déjà un bel avenir derrière eux, on a stigmatisé les gouvernants qui n'ont pas « l'esprit radical » ; on a même fini par les dénoncer comme les « naufrageurs de la République ». Alors, les congressistes ont commencé à comprendre qu'il s'agissait de les remplacer et ce programme fut unanimement approuvé.

Mais comme la simplicité de cet ordre du jour ne pouvait prêter à de longs développements, on s'est aussi occupé d'autre chose. On a emprunté quelques principes aux socialistes et on les a commentés avec éloquence. Les « jeunes radicaux » nous informent qu'ils poursuivent l'abolition du salariat et qu'ils espèrent y parvenir par l'extension indéfinie de l'assurance, par l'institution de l'impôt progressif sur le revenu, par les monopoles d'État et par le syndicalisme.

Ce n'est plus de la Renaissance cela ! C'est de la transsubstantiation. Le parti radical, pour renaître, emprunte le corps du parti socialiste. A ce compte-là, nous ne voyons pas bien ce qui distingue les jeunes radicaux des anciens, sinon que les uns sont au pouvoir et que les autres voudraient y parvenir.

Les *Débats* (éditorial, première page). — 1er janvier 1913, sous le titre :

« LA RENAISSANCE RÉPUBLICAINE »

Le Congrès de la « Renaissance républicaine » qui s'est tenu ces jours-ci semble avoir choisi pour ses travaux une heure singulière. Deux mois plus tôt, à la fin des vacances, avant la rentrée des Chambres, il aurait pu faire figure entre le Congrès du parti radical, celui des jeunesses républicaines et quelques autres ; on s'y serait intéressé dans la mesure qui convient. Il arrive un peu tard. On a d'autres préoccupations, et la « Renaissance républicaine » ne fera peut-être pas dans le monde autant de bruit qu'elle pouvait le souhaiter. C'est son affaire après tout. La République a sans doute devant elle assez d'années d'existence pour attendre patiemment le moment de renaître. Il est vrai que depuis le Congrès elle ne vit déjà plus, ou bien elle est au point de perdre la vie ; et ce serait une révélation assez douloureuse pour les hommes qui ont donné tous leurs efforts à l'idée républicaine, si on leur apprenait en même temps que cette mort imminente et certaine sera l'occasion d'une métamorphose radieuse. Que faut-il donc pour cela ? Il suffit d'écouter les apôtres de la « Renaissance », et de suivre leurs conseils. Les écouter paraît assez facile, car ils ne ménagent point leur éloquence et, durant ce Congrès, les discours ont succédé aux discours. Mais il serait besoin ensuite de comprendre exactement ce que veulent de nous ces paroles abondantes. Or, on est un peu embarrassé. Le Congrès discute-t-il son programme économique ? Il vote un ordre du jour pour recommander notamment « la substitution d'un large régime de participation de la nation et des travailleurs dans l'exploitation, le contrôle et les bénéfices dans les industries monopolisées par nature ou concentrées dans des conditions violant le jeu normal des lois économiques ». Le Congrès n'aurait-il pu s'exprimer en français ? On n'est pas sûr de très bien comprendre. Autre chose. Le Congrès parle politique, et ses orateurs, M. P. H. Loyson, M. Lévy-Ullmann exaltent les devoirs sacrés de la conscience. C'est fort bien. Mais en même temps, ils attaquent violemment des hommes qui ont rendu d'éclatants services à la cause républicaine. Ils chantent l'idéalisme le plus désintéressé, et sur cette musique qui a sa noblesse ils adaptent des couplets qui rappellent à s'y méprendre les potins des couloirs parlementaires. Ici encore, on est embarrassé. On le serait si cette virulence des congressistes à l'égard de républicains éprouvés ne trahissait clairement le vif désir de les remplacer dans la conduite des affaires publiques. On sait très bien à quoi s'en tenir ; et on conclut paisiblement qu'il est magnifique de faire renaître la République, mais que la faire vivre est encore préférable.

La France du Sud-Ouest

Et maintenant, la réplique du maître Lucien Victor-Meunier, dans le grand journal républicain du Sud-Ouest, *la France de Bordeaux et du Sud-Ouest*, sous ce titre :

« LE FLAMBEAU »

Au Congrès de la « Renaissance républicaine », qui s'est tenu à Paris ces jours derniers, échoit cette bonne fortune, singulièrement précieuse, d'être tourné en dérision, vilipendé, injurié à plein encrier par toute la presse réactionnaire et conservatrice.

Quand il arrive à de vrais républicains de recevoir les compliments, les félicitations de l'adversaire, ils ont, en effet, à s'interroger, inquiets, à se demander par quelle erreur, par quelle faute, par quelle trahison inconsciente ils ont pu mériter cette compromettante approbation. En général, cela vient de ce que, cédant à une impulsion irraisonnée, ou bien, au contraire, avec le désir mauvais conseiller d'être habiles, ils se sont, pour un instant, écartés de la voie droite, et qu'ainsi ils ont créé une équivoque dont l'ennemi s'est aussitôt emparé.

Les radicaux et radicaux-socialistes de la « Renaissance républicaine » n'ont point de semblables reproches à s'adresser et leur conscience a de quoi être satisfaite ; l'unanimité contre eux des partisans du passé atteste qu'ils marchent d'un pas ferme dans le chemin qui conduit à l'avenir. Et c'est pourquoi nous applaudissons, nous.

Volontiers, on a affecté de croire qu'ils n'étaient inspirés que par de misérables préoccupations d'intérêt personnel ; que ces remueurs d'idées n'avaient d'autre dessein que de préparer de prochaines candidatures ; mais rien n'autorise à les juger ainsi et nous aimons à leur supposer des ambitions plus hautes ; tant pis pour eux si nous nous trompons.

D'autre part, on s'est accordé à déclarer peu « compréhensibles » leurs délibérations et leurs votes, et, de cela, il n'y a pas lieu d'être autrement surpris, attendu qu'il est toujours beaucoup plus facile de railler que de comprendre.

Enfin, on les a blâmés de ne pas professer un respect suffisant à l'égard des aînés, des « anciens ». Une expression, surtout, employée par l'un des orateurs du Congrès et visant ces anciens, qualifiés de « naufrageurs de la République », a paru inacceptable, intolérable. Quoi ! des naufrageurs, des vétérans qui ont pris part aux luttes d'autrefois, qui ont fondé la République ! La parole, assurément, est dure : mais le point qu'il convient d'examiner est de savoir si elle répond à une réalité précise.

Les soldats que Napoléon avait élevés à la dignité de maréchal de France, qu'il avait comblés, gorgés d'honneurs et de richesses, pouvaient dire, certes ! qu'ils avaient fondé l'Empire ; cependant, fatigués, un peu vieillis, désireux de jouir d'un repos qu'ils estimaient bien gagné, ils répugnaient à de nouveaux combats, répondaient avec de plus en plus de mauvaise grâce aux appels incessants du canon ; et le frénétique massacreur leur a justement reproché d'avoir, par leur égoisme mou, précipité la ruine de cet empire, dont ils avaient été, au début, les énergiques ouvriers. C'est un peu, évidemment, l'histoire de tous les anciens.

Ils ont forcément les jambes plus lourdes, la vue moins nette, l'intelligence moins prompte qu'autrefois ; la légitime satisfaction des services jadis rendus, celle, non moins noble, des situations occupées, leur font oublier facilement la tâche qui reste encore à accomplir et le but qui n'est pas atteint. Que ces anciens soient honorés pour tous les souvenirs qu'ils évoquent, rien de mieux ; mais aussi qu'entendant derrière eux le cri éternel : « Place aux jeunes ! », le cri des générations nouvelles qui veulent agir, qui veulent combattre, le cri du progrès, le cri de l'avenir, ils sachent se ranger des deux côtés de la route et ne tentent point de se mettre en travers du torrent — ce qui pourrait provoquer un naufrage !

Un des journaux auxquels nous avons fait allusion tout à l'heure a traité, non sans dédain, les organisateurs de la Renaissance républicaine de « néophytes entraînés par l'ardeur de leur foi ». Nous voulons croire qu'il ne s'est pas rendu compte du sens des mots. Quoi ! à cette époque où le mal d'indifférence, où l'égoïsme imbécile, le scepticisme, la « blague » dégradante et honteuse, exercent dans les foules tant de ravages, reprocher à de jeunes républicains l'ardeur de la foi qui les entraîne !... Ah ! jeunes hommes, puisse cette foi superbe vous donner la force d'accomplir les grandes œuvres ; de terminer ce que nous n'avons pu, nous autres, qu'entreprendre. S'il y a des vieux qui, d'esprit chagrin et maussade, vous regardent avec des yeux hostiles, il en est d'autres, sachez-le, qui sont heureux de penser qu'ils pourront sans crainte remettre à vos mains vaillantes le flambeau que tout à l'heure leur bras devenu débile ne saura plus brandir ! — LUCIEN VICTOR-MEUNIER.

Le Radical, éditorial, 28 décembre :

Demain s'ouvrira le Congrès de la Renaissance républicaine organisé par les jeunes radicaux et radicaux-socialistes. Nous avons toujours suivi avec intérêt et sympathie les efforts de ce jeune groupement, qui est comme une filiale de notre parti. Comment un parti se désintéresserait-il de ses rejetons, même si parfois ils se conduisent comme des enfants prodigues ?

Sans doute, les jeunes radicaux ont les illusions, les intransigeances un peu aveugles de la jeunesse. Ils morigènent leurs aînés avec une virulence qui ignore les nécessités pratiques, et ils ne se gardent pas toujours des polémiques trop exclusivement personnelles.

Mais, ces réserves faites, nous fondons les plus grands espoirs sur cette jeunesse intellectuelle, à la fois idéaliste et pratique, inébranlablement attachée aux principes qui ont fait la grandeur de la République. Car ces jeunes radicaux sont au fond de vieux radicaux. Ils ne se présentent pas comme un parti nouveau, comme un ferment de désagrégation et de discorde ajouté à tant d'autres. Ils prétendent au contraire sonner le ralliement autour des idées qui ont toujours caractérisé, qui doivent caractériser encore le radicalisme. Ils veulent ranimer les défaillants, galvaniser les sceptiques, réveiller ceux qui s'endorment dans l'indifférence.

C'est un noble but, qu'ils précisent et qu'ils préciseront davantage par un programme qui est dans son essence, le programme de notre parti. Dans leur manifeste, ils affirment en effet leur volonté de consolider les victoires de la société civile sur le cléricalisme, leur ardent patriotisme, « ennemi d'un chauvinisme bruyant et stupide », leur aversion de l'école dite « libérale », leur hâte de voir revivre les pures traditions sociales, leur souci d'orienter la France vers une politique de réalisme économique.

Il n'est pas un de ces articles que notre parti ne puisse, ne doive revendiquer comme sien. Il nous est particulièrement agréable de souligner la partie économique de ce programme. Nous n'avons cessé en effet d'orienter notre parti vers une politique à la fois réaliste et humanitaire, vers une mise en valeur de nos richesses nationales, destinée à assurer le mieux-être de tous, à créer des ressources nouvelles pour faire face aux nécessités des dépenses sociales chaque jour plus lourdes. Nous sommes heureux de voir les jeunes radicaux s'engager à notre suite dans cette voie, chercher à intensifier nos énergies et nos initiatives nationales, à créer une législation ouvrière et sociale plus rationnelle.

Il appartiendra au Congrès qui s'ouvre demain de traduire ces aspirations dans des articles plus précis encore. Que nos jeunes amis consacrent à ce but tous leurs efforts, qu'ils sachent faire œuvre positive, et ne pas s'égarer dans la phraséologie vaine, dans les déclamations stériles. Nous nous ferons une joie de les applaudir, comme nous nous faisons un devoir d'encourager ces bonnes volontés si ardentes et si généreuses.

Le Bulletin officiel du parti radical et radical-socialiste, paru dans le journal le Radical, 2 janvier :

« NOTRE CONGRÈS »

Les railleurs avaient dit : « Admirons ces jeunes hommes qui, par forfanterie sans doute, se parent du titre de « jeunes radicaux-socialistes » au moment même où ce titre est en baisse à la bourse des valeurs politiques.

Ceux de nos amis, de ces anciens qui épuisent trop souvent leur activité dans des gémissements et se consolent de leur tristesse en pleurant, avaient pensé : « Folle jeunesse, qui croit que nous n'avons rien fait parce que notre œuvre n'a pas été accomplie par eux. Ils se préparent à nous renier. Notre fréquentation leur pèse. Avec les meilleures intentions du monde, ils vont aggraver la crise du radicalisme et compromettre un peu plus l'idéal républicain. Ah ! folle jeunesse à qui l'expérience n'a pas appris encore que le seul moyen de n'avoir pas l'air malade, c'est de ne pas avouer sa maladie. » Enfin, les habiles avaient pensé : « Les journaux ne parleront pas d'eux. Donc, ils n'existeront pas ».

Le congrès de la Renaissance républicaine est terminé. Et voici que les railleurs ne sourient plus, que les « anciens » reconnaissent en nous leurs fils comme nous avions reconnu en eux-mêmes nos pères, et que les habiles n'ouvrent la bouche que pour laisser passer le sarcasme ou l'injure... Que s'est-il donc passé ? Il s'est passé simplement ceci. Notre congrès n'a pas été une arme homicide, mais un miroir fidèle. Le radicalisme d'hier, le vrai, celui de nos militants, de nos congrès, des radicaux enfin, s'y est reconnu, et quant à l'autre, il s'est aperçu que si de courageux militants approchaient leurs mains si près de sa figure, c'était non pour le frapper, mais pour lui faire un brin de toilette...

A la veille du congrès, mon courageux ami Lévy-Ullmann, adressant ici même un appel aux camarades militants de notre parti afin qu'ils participent à nos travaux, évoquait le souvenir des batailles livrées par la jeunesse contre le boulangisme et le nationalisme. Que Lévy-Ullmann me permette de lui signaler ce beau miracle laïque. Le temps a marché, mais la jeunesse républicaine d'aujourd'hui a le même âge que celle d'antan, et si elle forma jadis le carré pour empêcher que le régime périsse, elle forme le carré aujourd'hui pour empêcher que la démocratie se décompose. Et je dis que je suis fier pour mon parti de ce fait que son *Bulletin officiel* peut, au lendemain du congrès de la Renaissance républicaine, louer l'effort de ce congrès ; et je dis que je suis fier pour nos vieux et braves militants de ce fait qu'une génération voulant réaliser le vieil idéal démocratique ne trouve rien de mieux à faire que de continuer leur propre effort ; et je dis que je suis fier pour mon parti de ce fait qu'une génération, après avoir mesuré les théories et les doctrines et cherché en toute indépendance d'esprit celle qui pouvait contenter à la fois son cœur et sa raison, adhère et se donne au radicalisme social, à ce radicalisme agissant tant aimé par les militants qui font les élus et si souvent suspect à quelques élus qui se servent des militants.

Insistons sur ce point. Il est capital. Il est symptomatique. Les congressistes de ma génération, réunis dimanche et lundi derniers, salle du Globe, ont confronté les doctrines, et ce n'est qu'après les avoir pressées de questions qu'ils ont délibéré en pleine indépendance de conscience. Le verdict ? Le voici. Condamnation capitale des théories de réaction ; condamnation, avec larges circonstances atténuantes, des doctrines certes généreuses mais utopiques d'un socialisme à prétentions scientifiques. Expliquons-nous. Notre excellent camarade Edmond Bloch, répondant l'autre jour à une amicale et généreuse observation de ce philosophe éminent qui s'appelle Ferdinand Buisson, faisait une remarque fort judicieuse et marquait les différences profondes existant entre les hommes d'aujourd'hui et ceux d'hier, différences provenant des conditions économiques présentes. Les conquêtes politiques, on peut y courir en chantant la *Marseillaise*, et leur grandeur, leur beauté participe de l'ardeur de l'assaut lui-même. Les conquêtes économiques réclament d'autres méthodes, des méthodes moins brillantes et d'apparence plus humbles. Nos aînés pouvaient s'offrir le luxe de faire du cerveau le domestique du cœur. A présent, il faut que ce soient nos cœurs qui obéissent à nos cerveaux, sous peine de ne créer qu'anarchie et confusion. Nous levons donc notre chapeau au passage devant ce qu'il y a de sentimental et de verbal dans le socialisme, nous applaudissons volontiers à certaines des critiques qu'il formule, mais nous ne saurions souscrire à ce qui, en lui, constitue le plus extravagant désaveu de la nature humaine et de la nature des choses. Et Paul Hyacinthe Loyson, lui-même, qui cependant n'est pas suspect en cette matière, puisqu'il est comme une magnifique torche vivante aux flammes de laquelle s'éclairent nos consciences, a pu dénoncer l'autre jour l'erreur du socialisme perpétuant en notre siècle l'erreur capitale de Rousseau.

Ces idées maîtresses proclamées par notre congrès, il s'agissait d'en tirer les conclusions logiques et les décisions nécessaires. Et alors, naturellement, fatalement, le congrès est allé demander à nos doctrines radicales le secret des futures reconstructions, parce que seules les doctrines radicales peuvent permettre de réaliser la justice sociale sans déshonorer le bon sens.

C'est alors que nos camarades Russacq et Ripault, l'un en exposant l'idéal sculpté par les congrès annuels de notre parti, l'autre en exposant les raisons pour lesquelles cet idéal en ce moment voilé par des brumes épaisses et malsaines, nous ont permis de prendre nettement, carrément, loyalement, toutes nos responsabilités.

Le parti radical a proclamé que le but suprême de son action était la suppression du salariat. Après lui et avec lui, le congrès a posé le même but au bout de ses efforts. Après lui et avec lui il a préconisé le développement de la législation de protection légale du travail et de la prévoyance sociale par l'extension indéfinie de l'assurance ; la transformation de notre système fiscal dans le sens le plus démocratique par le vote rapide de l'impôt progressif sur le revenu, et la mise à l'étude de l'imposition spéciale des « plus-values immobilières non gagnées » ; la substitution d'un large régime de participation de la nation et des travailleurs dans l'exploitation, le contrôle et les bénéfices dans les industries monopolisées par nature ou concentrées dans des conditions viciant le jeu normal des lois économiques.

Avec lui, le congrès a estimé que l'État doit envisager avec bienveillance et confiance les efforts collectifs (sous forme syndicale ou coopérative) auxquels les travailleurs se livrent pour améliorer leur sort. Il considère comme une œuvre urgente l'élaboration d'un statut aussi libéral que possible pour les fonctionnaires d'autorité et souhaite que les libertés syndicales soient placées en France sous l'égide du droit public républicain au même titre que la liberté de réunion et la liberté de la presse.

Il souhaite enfin, qu'une loi accorde aux syndicats le droit d'action en justice toutes les fois que l'intérêt professionnel est en jeu, estimant que l'usage de ce droit donnera aux syndicats ouvriers conscience de leur rôle véritable : l'organisation et la défense des intérêts généraux de la profession. Voilà ce qu'a proclamé le congrès, et j'ai le droit d'affirmer, comptes rendus des congrès de mon parti en mains, que si dans ce programme quelques radicaux ne reconnaissent plus le radicalisme, lui s'y reconnaîtra.

Mais ceci n'est qu'une partie de la tâche que les « jeunes radicaux-socialistes » s'étaient imposée. Ayant retrouvé la doctrine, ils ont dû se demander pourquoi elle ressemblait à la délicieuse maîtresse pauvre qu'on aime à vingt ans et qu'on quitte à trente pour épouser une mégère acariâtre, laide et rentée. Enfin, ils ont dû se demander quelle était la meilleure procédure pour arriver à réconcilier la doctrine radicale avec le radicalisme et les radicaux. Et c'est pourquoi le congrès a dû constater, avec des hommes comme Painlevé, Paul-Boncour, avec des radicaux comme Vazeilles, Franklin-Bouillon, Ferdinand Buisson, Roussandeau et d'autres, qui soit par leur présence soit par leurs témoignages avaient bien voulu assurer le congrès de leur sympathie, qu'une crise profonde pesait sur nous et que cette crise était due surtout à l'anarchie présente et à la confusion des partis.

Je ne veux pas oublier que j'écris en ce moment dans le Bulletin, et des souvenirs récents me commandent d'avoir pour la vertu d'hommes éminemment représentatifs un profond respect, et je ne les effleurerai pas, même avec une fleur. Mais la confusion des partis est un fait et il me sera permis de louer les « jeunes-radicaux-socialistes » lorsqu'ils pensent que nous ne nous sauverons de l'anarchie que par la discipline.

M. Paul-Boncour, l'autre jour, en un discours d'une lucidité aiguë et d'une forme incomparable, nous offrait l'exemple d'un certain nombre de députés de gauche qui, réunis à la Chambre en un groupe sérieusement contrôlé, prenaient des engagements précis et qui s'exposaient immédiatement à la radiation si leurs votes n'étaient pas conformes à ces engagements. J'ai pu répondre à M. Paul-Boncour que précisément le but des « jeunes-radicaux-socialistes » était de travailler à réaliser cette discipline nécessaire, et le congrès a pris à l'unanimité l'engagement solennel de constituer dans le pays un groupement destiné à réaliser l'accord des volontés et des programmes, des promesses et des réalisations, et ainsi les « jeunes-radicaux-socialistes », à qui certains reprochaient leur réalisme et certains leur idéalisme, ont fait la preuve qu'ils étaient à la fois idéalistes et réalistes, c'est-à-dire sincèrement, ardemment, profondément radicaux.

Ils ont prouvé autre chose encore. Ils ont prouvé, — et je dis cela avec joie à ces militants obscurs et dévoués qui maintiennent dans nos villes, nos villages et nos hameaux, au mépris de leurs intérêts particuliers, l'existence même de la République, — ils ont prouvé que la flamme n'était pas éteinte et que le foyer n'était pas mort. Ah ! sans doute, — et je sais que j'exprime en ce moment la pensée intime des militants dont je parle, — sans doute une angoisse profonde les saisit parfois, et quand ils constatent l'élan nouveau de la réaction, l'insolence accrue du châtelain et du curé, et, hélas ! pourquoi ne pas le crier ici dans ce Bulletin, qui ne serait qu'un papier dérisoire s'il ne disait pas leurs inquiétudes, l'indécision, la timidité et la veulerie des républicains, ah ! oui, sans doute, ils se demandent à quoi ont servi leurs luttes et leurs sacrifices.

Militants, mes amis, les « jeunes radicaux-socialistes » viennent vers vous les mains tendues, et dans ces mains ouvertes, au seuil de l'an nouveau, vous pouvez y mettre les vôtres.

Lundi soir, à l'issue du repas fraternel qui réunissait les congressistes, nos amis ont pris la parole ; mais ce ne sont pas des discours qu'ils ont prononcés, j'en appelle à tous ceux qui les ont écoutés, ce sont des cris qu'ils ont jetés, et les deux journées passées ensemble à évoquer l'avenir avaient créé entre nous de tels liens que nous nous sommes sentis emportés un moment sur les larges ailes d'une conscience collective.

Oui, tout à coup tout vibra en nous les espoirs, les rêves, la volonté d'amour d'un radicalisme régénéré : c'est debout, la main levée pour le serment, que nous avons jeté un cri émouvant de : « Vive la République ! » Et c'est ce cri que je viens dédier fraternellement, au nom de mes amis de la Renaissance républicaine, aux militants de mon parti. — MARTIN-MAMY.

Le Bulletin officiel du parti radical, 2 janvier :

Les jeunes radicaux-socialistes se sont réunis en Congrès de Renaissance républicaine. Le militant modeste mais convaincu que je suis a tenu à leur apporter le tribut d'éloges que mérite leur vaillante initiative.

Nos amis qui se réclament — malgré tout — de notre parti, ont été bien inspirés d'inscrire le mot renaissance sur leur drapeau. Ce drapeau, c'est le nôtre, avec quelque chose de plus : une activité nouvelle, une régénération des hommes et du parti. Le retour aux sources intellectuelles du monde latin brisa l'étreinte médiévale et libéra les esprits. Le Moyen âge avait restreint, comprimé, étouffé la pensée sous le principe d'autorité. La Renaissance développa l'individualisme et dressa, contre le dogme absolu, le libre examen.

La doctrine politique, économique ou sociale d'un parti de libre pensée ne comporte point la possibilité d'un schisme. Aussi bien n'est-ce pas ce que recherchent les jeunes radicaux. S'ils invoquent notre programme, c'est pour en réclamer l'exécution intégrale. Ils ne seraient pas éloignés de nous attribuer la responsabilité de la politique gouvernementale de ces dernières années, tout comme les socialistes. Mais ils ne manquent pas de reconnaître que l'étiquette radicale cautionnait des doctrines et des méthodes que nous sommes loin d'approuver : notre pavillon a, trop souvent, couvert une marchandise de contrebande. L'organisation et une discipline rigoureuse pourront seules nous alléger des mal élus, poids lourd et encombrant : à ceux-ci de se soumettre ou à nous de les démettre.

De cette jeune assemblée radicale on pouvait attendre des critiques, mais non la condamnation de notre doctrine.

L'impatience légitime d'une jeunesse ardente et généreuse nous apporte l'espérance d'une génération pleine de foi dans le progrès humain.

Dans le domaine économique et social, le congrès a repris et affirmé notre programme, les déclarations de nos congrès. Faut-il dire combien nous avons été heureux d'entendre le rapporteur, M. Edmond Bloch, invoquer les paroles prononcées à Nantes par notre éminent ami Debierre ? Sans négliger la défense laïque, qui reste la pierre angulaire de notre programme, nous nous attachons toujours davantage aux questions économiques et sociales. Les membres du Comité exécutif se font inscrire de plus en plus nombreux dans les commissions qui les étudient, et c'est avec un esprit de réalisation pratique que nous en abordons l'examen.

C'est pourquoi j'ai pu dire, aux applaudissements unanimes de l'assemblée, avec quel intérêt sympathique nous suivions les travaux des jeunes radicaux, que nous considérons comme le réservoir des énergies nouvelles qui viendront revivifier nos congrès nationaux.

Qui n'approuverait le vaillant directeur des *Droits de l'Homme*, P.-H. Loyson, quand il préconise « non de fonctionnariser l'État, mais au contraire de l'industrialiser, en dotant les divers services d'une autonomie et d'une participation aux bénéfices » ?

Ce qui a, par-dessus tout, dominé le congrès des jeunes radicaux, c'est leur volonté ardente de lutter contre l'immoralité politique. Lévy-Ullmann, qui avait été, dimanche, l'objet d'une ovation aussi flatteuse que méritée, fut applaudi avec enthousiasme, quand il exposa comment le républicain doit revendiquer contre certaines défaillances. Ce fut une belle leçon d'énergie et de probité donnée par celui qui se distingue entre tous par son énergie et sa probité.

La *Renaissance républicaine* a donné à notre parti les plus belles étrennes qu'il pouvait espérer. Sa place est dans nos rangs pour le bon combat démocratique et social. — MAURICE VOLLAETS *secrétaire du Comité Exécutif.*

Le Bulletin officiel du parti radical, 2 janvier :

Le Congrès de la Renaissance républicaine, qui s'est tenu à Paris dimanche et lundi a retenti de nobles propos mis au service d'idées nobles et justes. On y a proclamé le devoir, pour le parti républicain, de défendre l'école laïque.

Il me semble avoir entendu, il n'y a pas longtemps, quelque chose de semblable dans une circonstance analogue. J'y suis ; c'était en octobre, à Tours, au Congrès radical et radical-socialiste. La déclaration du parti était formelle : « La défense efficace de notre école laïque est l'œuvre la plus urgente. » Mais déjà, à Tours, cela ne m'avait point paru inédit. Je me souviens. La déclaration du Congrès de Nîmes, en 1911, en avait dit quelques mots bien frappés. Et celle du Congrès de Rouen, l'année précédente ? Tout de même, celle-là, on n'aurait pas dû l'oublier si vite. Elle abondait en déclarations admirables.

Admirables ? Parfaitement. Le mot n'est que vrai. Tenez, relisez :

« ...L'école ne sera pas suffisamment défendue si l'on ne se dresse pas résolument en face de l'investissement dont elle est menacée...

« ...Le devoir *impérieux* du gouvernement est de lutter contre toutes les oppressions et de défendre l'individu isolé et faible contre les organisations d'autorité, de fanatisme ou de haine... Comment défendre tous les instituteurs contre une surveillance qui les paralyse, qui les humilie ? Comment défendre toutes les familles contre l'asservissement intellectuel et matériel d'une Église de plus en plus fanatique, de plus en plus hostile à la démocratie ?... »

Il n'y a pas à dire, c'est beau. Et comment ne le serait-ce pas, puisque c'est signé : Steeg ? On se sent fier d'être radical en contemplant cette colonne de la République laïque.

Ce que Steeg pensait déjà comme député en 1910, il le pensait aussi comme ministre de l'Instruction publique en 1911. Il le pense encore en 1912 comme ministre de l'Intérieur. Il le pense toujours. Il n'en parle plus, voilà tout. Mais un de ses collègues, spécialement préposé à cet effet, en parle à sa place, abondamment, éloquemment, avec une émotion qui n'est pas feinte. Guist'hau, qui est de la Loire-Inférieure, connaît le péril. Sa conviction de l'urgence de défendre nos écoles n'est surpassée que par sa résignation à les laisser attaquer.

Il a d'ailleurs fait le geste rituel de sa fonction. Il a déposé des projets. Il les avait reçus de Steeg, auquel les avait transmis Maurice Faure, qui les avait hérités de Doumergue. Le successeur de Guist'hau les recueillera à son tour et les léguera pieusement à une autre génération ministérielle. Cela durera autant que l'école laïque elle-même, ce qui n'implique pas que cela puisse durer très longtemps. Car la réaction cléricale continue l'attaque avec d'autant plus d'entrain et de succès qu'on ne lui oppose aucune résistance. On se contente d'en annoncer une.

Nos gouvernants font irrésistiblement penser à la réclame du barbier : « On rasera gratis demain ». Ils défendront l'école un de ces jours ou l'autre.

Ils ne sont pas coiffeurs. Ils n'en sont pas moins en train de raser la République, et pas gratis. — LOUIS MULLER, *secrétaire du Comité Exécutif.*

Le Petit Méridional :

M. Lafferre, grand radical briandiste, qui fut du ministère dit des « gens de maison », n'est pas content. Dans le Petit Méridional du 5 janvier, ce pauvre homme crie : « Touché ! » avec beaucoup de mauvaise grâce.

Quel que soit mon désir de favoriser l'ascension des jeunes, je ne saurais les admirer dans le rôle de censeurs et de moralistes, qui ne convient vraiment pas à leur âge.

Ils se réunissaient ces jours-ci en Congrès pour « moraliser le parti républicain ». Et, tout de suite, ils ont livré toute leur pensée en dénonçant les arrivés, ceux qui jouissent du fruit de leur passé, au grand dam des gens qui sont pressés d'arriver pour faire régner la vertu dans un parti où ils n'ont pas encore le premier rang.

Voilà pour les hommes, qui doivent se contenter de ce jugement aussi sommaire que péremptoire. Quant aux principes, ils sont évidemment en péril, puisque ces jeunes et fougueux républicains ont décrété que le parti radical, dont ils se réclament, n'était qu'un parti de verbalisme social et que, seuls, ils lui apportaient une politique de réalisations.

Voilà l'œuvre de quarante ans de République jugée par des républicains qui se proclament les plus purs et les plus respectueux défenseurs du régime et qui fournissent à ses diffamateurs les armes les plus redoutables et les plus injustes !

Il ne faut pas, d'ailleurs, s'émouvoir outre mesure de cet esprit de présomption et d'ingratitude. Ces jeunes gens, si épris de moralité supérieure, sont tout de même des hommes. Ils reliront avec fruit le portrait qu'un grand poète classique, Horace, fait de la jeunesse de son temps, qui ne devait pas différer beaucoup de la jeunesse d'aujourd'hui. Il est assez plaisant, mais il est normal pourtant de voir ces jeunes gens, qui savent bien comment ils ont commencé, mais qui ignorent comment ils finiront, faire grief à certains chefs du parti républicain de n'avoir pas conservé l'unité parfaite de la vie publique et d'avoir évolué, de bonne foi et sous l'empire de la réflexion, dans un sens ou dans un autre.

Il semble bien que l'un de ceux qui les encourage de son talent et de sa hardiesse parfois téméraire, M. Paul-Boncour, ait senti l'inconvenance de certaines attitudes, et je lui sais gré d'avoir eu le courage de remettre les choses au point et certains hommes à leur place.

Mais ce qu'il ne pouvait pas dire à des radicaux, puisqu'il n'avait pas qualité, c'est que l'entreprise qu'ils font, au nom de la moralité et de la pureté des principes, n'est pas très conforme aux obligations qu'ils ont contractées envers leur parti, ni même à la probité politique dont ils font si bruyamment étalage.

Certes, j'aurais compris qu'à l'intérieur de leur parti et s'adressant à leur parti, usant de cette liberté de parole qui est l'honneur d'une organisation politique, ils fissent part à leurs anciens de leurs craintes, de leurs déceptions, de leurs rêves d'avenir. Mais que font-ils en ce moment ? Ils font campagne contre un parti dont ils se réclament avec le concours d'hommes qui n'y ont jamais appartenu, qui souhaitent sa disparition, afin de prendre sa place dans le pays.

Si c'est là une méthode recommandable, je me demande au nom de quels principes on a fait appel à notre esprit de discipline au moment du Congrès de Paris, à l'occasion de la réforme électorale, et pourquoi ces jeunes hommes qui étaient parmi les plus violents contre ceux d'entre nous qui voulaient une représentation des minorités ne suivent pas notre exemple, en évitant par-dessus tout, de diviser les républicains et d'opposer les vieux et les jeunes radicaux.

Car enfin, c'est bien d'une *dissidence* qu'il s'agit et les radicaux qui sont là ont bien l'air de jouer le rôle de dissolvants. D'autant que, si l'on voulait analyser les éléments de ce congrès et discuter des origines de quelques-uns de ses principaux adhérents, on trouverait peut-être un peu étrange que des hommes dont les *attaches confessionnelles* sont connues viennent faire la leçon à des libres penseurs, que des syndicalistes révolutionnaires d'hier se posent en représentants du radicalisme classique et que quelques *mal élus* viennent parler au nom du jeune radicalisme, quand ils n'ont donné d'autres gages à ce parti que des victoires remportées sur le député sortant avec toutes les forces révolutionnaires,

Voilà de la moralité politique, ou je ne m'y connais pas!

Nous laissons les questions de personnes — pour lesquelles je n'ai aucun goût — et posons-nous la question, la vraie question de la crise du parti radical.

Je suis d'accord que le problème social n'a pas encore reçu du parti radical les solutions les plus désirables. Mais est-ce faute de hardiesse, d'idées généreuses, d'initiatives hardies? Ce qui lui a manqué, c'est de n'avoir pas su rester lui-même. Si, au lieu de se livrer aux surenchères et de rivaliser avec un parti révolutionnaire sans responsabilité, il avait su délimiter son action et la concentrer, il aurait fait cette politique de réalisations que les jeunes lui reprochent de n'avoir point suivie. Seulement, cette politique réformatrice ne peut être qu'une politique nationale. Elle ne se concilie pas avec la démagogie. Elle a besoin d'ordre, d'autorité et de méthode. — LOUIS LAFFERRE.

M. Debierre, au contraire, salue joyeusement notre arrivée dans la bataille. Il écrit dans

L'Action, 5 janvier 1913 :

Je ne perds point tout espoir, cependant. Le Congrès de la « Renaissance républicaine », qui vient de se tenir à Paris, boulevard de Strasbourg, est un vivant exemple que d'autres que moi envisagent sous un même angle le péril de la situation politique présente. Je ne saurais trop encourager ces « jeunes » à secouer la torpeur ambiante. Qu'ils marchent pour l'idée ; qu'ils marchent avec cohésion et discipline ; qu'ils aient soin de se révéler à l'attention publique davantage par leur activité agissante et organisatrice que par leurs discours — *acta non verba* — et je leur prédis le succès. Si dans le parti radical et radical-socialiste il y a des « Retardants », qu'on les laisse en chemin, et qu'un nouveau parti de politique laïque et d'action sociale s'élève, s'il le faut, sur les ruines d'un ancien parti, aujourd'hui trop enclin à vivre sur son passé et incapable de l'effort nécessaire à tout parti qui veut poursuivre ses destinées et satisfaire les légitimes espoirs d'une démocratie en route vers l'avenir. — CH. DEBIERRE, *sénateur, vice-président du Comité exécutif du parti radical-socialiste.*

Les socialistes sont sympathiques.

La Guerre Sociale (du 1er au 7 janvier 1913) :

Dimanche et lundi s'est tenu le Congrès de la « Renaissance républicaine », organisé par les jeunes radicaux-socialistes qui, sous l'influence de Paul Hyacinthe Loyson et de son journal les *Droits de l'Homme*, tentent de faire revivre les traditions — est-ce assez loin !... — qui firent la gloire du parti radical.

Désireux de montrer ce qui les différencie de ce qu'on est convenu d'appeler les radicaux, quelques jeunes, avec beaucoup d'enthousiasme, firent entendre des paroles osées, courageuses même si on les met en opposition avec les actes des radicaux au pouvoir.

Pourquoi faut-il que toute cette bonne volonté, que nous ne mettons pas en doute, soit destinée à rester stérile ?

Le fossé qui se creuse chaque jour davantage entre le radicalisme et le prolétariat, vient moins de certaines personnalités radicales, si tarées se soient-elles révélées, que de l'opposition des conceptions qui s'est accusée en présence des grands conflits économiques qui soulèvent le monde moderne.

Vains sont condamnés à rester les efforts sincères des jeunes, qui veulent revivifier ce cadavre qu'est le radicalisme et le regret que nous pouvons manifester devant une pareille tentative, c'est que certains n'aient pas l'audace de mener jusqu'à son aboutissement logique l'examen qu'ils ont commencé de leur doctrine sociale.

Mais ne désespérons pas ! Puisque ces jeunes gens veulent crier leur dégoût des politiciens qui ont causé la désaffection du prolétariat envers leur parti, ils ne tarderont pas à s'apercevoir que les causes de cette désaffection sont plus profondes qu'il ne leur apparaît, et les plus ardents d'entre eux ne tarderont pas à grossir nos rangs.

C'est la grâce que nous leur souhaitons de tout cœur.

L'Humanité, 31 décembre 1912 :

Le Congrès de la « Renaissance républicaine » a tenu hier une nouvelle séance. MM. Painlevé et Paul-Boncour y assistaient.

Les déclarations du premier sont à reproduire.

Le député du cinquième arrondissement reconnaît qu'il y a actuellement en politique une crise de la moralité. *Ce grand parti radical est infecté*, déclare-t-il ; *il faut le purifier, sinon c'est la fin.*

Faisant ensuite allusion à l'élection présidentielle, M. Painlevé définit son idéal : il faut placer à la tête de la nation un citoyen qui la représente, mais non un directeur, une sorte de dictateur.

Si le Congrès de la « Renaissance républicaine » n'a servi qu'à dénoncer « l'infection » qui ronge le radicalisme, il aura toujours servi à cela.

Le réactionnaire Écho de Paris (2 janvier 1913) veut plaisanter :

Les « jeunes radicaux dissidents » — car il paraît qu'il y a tout de même de « jeu-

— 42 —

nes radicaux », mais il paraît aussi qu'é-
tant « jeunes », ils ne peuvent être que
« dissidents », c'est-à-dire qu'ils sont radicaux sans l'être — viennent de tenir, sous
le titre de la Renaissance républicaine, leurs
assises solennelles. Je vous prie de noter
qu'ils n'y vont pas, selon l'expression vulgaire, du bout de la cuillère et que la « Renaissance républicaine » ça n'est pas peu
de chose. Par cet accord de mots savam-
ment préparé, signifient-ils au monde politique qu'ils veulent restaurer les fortes
vertus, les vertus à l'antique, dont toute une
lignée de conspirateurs lettrés, formés aux
leçons des humanistes, rêva jadis de doter
les républiques et les tyrannies d'outre-
monts ? Souhaitons-le, pour que remonte
le thermomètre parlementaire, tombé si bas
que c'est, autour des Chambres, dans le
pays, un froid mortel. Souhaitons-le sincèrement, en ce temps propice aux vœux,
mais pourtant n'y croyons pas trop.

Des trois députés présentement en place
qu'ils ont consenti à recevoir parmi eux, le
premier, M. Ferdinand Buisson, est bien
un radical, et les circonstances en ont fait,
depuis quelques années, au moins sur un
point que son parti considère comme d'importance, la réforme électorale, le type
même du « dissident ». Mais on ne le bles-
sera certainement pas en constatant qu'il
n'est plus, par l'âge, tout à fait un jeune,
s'il a gardé, à d'autres égards, une remar-
quable fraîcheur ou ardeur d'esprit. Or, que
reproche-t-il à ses nouveaux amis de la Renaissance républicaine ? de manquer de
souffle, de ne point respirer la vie, d'être
aussi morts que leurs morts. Il les trouve
vieux et le plaint paternellement de tirer
leur doctrine du bocal où l'on essaie en
vain de conserver le triste fruit de ce grand
avortement : l'ancien programme radical et
radical-socialiste.

Quant aux deux autres législateurs admis à la lumière de la Renaissance, MM.
Paul Painlevé et Paul-Boncour, assez jeunes pour pouvoir être sans ridicule procla-
més aujourd'hui princes honoraires de la
jeunesse, plus jeunes de beaucoup que M.
Buisson, ils sont tous les deux inscrits, non
pas au groupe radical, mais au groupe républicain socialiste, et le public est invité
à ne pas confondre : c'est très différent. Le
groupe républicain socialiste (autrefois socialiste indépendant) est composé de trente-
deux membres, tout juste deux équipes de
gouvernement, chaque cabinet comprenant,
on se le rappelle, douze ministres et quatre
sous-secrétaires d'État. Cela suffit à indiquer que le groupe se partage en deux tendances : l'une qui est républicaine d'abord,
— de gauche, d'extrême-gauche, naturellement, — l'autre qui a des inclinations socialistes. Après quoi, le groupe ne s'interdit pas de mêler les deux tendances, ni les
deux équipes. Au besoin même, il se rési-

gnerait à entrer en combinaison avec les
groupes ou les partis voisins. Dame ! S'il le
fallait pour renaître ! Renaître coiffé d'un
portefeuille !

En trente ans, j'ai déjà vu trois de ces
« renaissances ». Il y en a une tous les dix
ans, chaque fois qu'une génération impa-
tiente remplace une génération lassée, sinon rassasiée. La révolution du mépris
cache mal la révolution de l'appétit. Les
hommes changent, mais le principe ne
change pas. C'est toujours : « Ôte-toi de là,
que je m'y mette ! ». — JÉMUS.

La Liberté *croit être spirituelle*
(29 *décembre* 1912) :

Demain sera un jour historique...
En effet, c'est demain que s'ouvrira, solennellement, le congrès de la Renaissance
républicaine, organisé par les « Jeunes radicaux-socialistes ».
Ces jeunes radicaux n'ont peur de rien...
Savez-vous quel est leur programme ?
C'est bien simple : ils veulent « démas-
quer les politiciens, les corrompus, les corrupteurs, les provocateurs, les mouchards
et ceux qui les stipendient. »
Ces jeunes gens ont du pain sur la plan-
che...

*Enfin les républicains sont pleins d'es-
poir et de joie.*

Armée et Démocratie (5 jan-
vier 1913) :

Devant les reculades, les reniements, les
trahisons qui caractérisent la politique la-
mentable du parti radical et radical-socialiste depuis dix ans, une poignée de jeunes
et vaillants républicains ont pensé qu'il était
encore temps de réagir, et qu'en ralliant
autour d'eux toutes les bonnes volontés on
pouvait sauver la République menacée.
Réunis en Congrès de Renaissance républicaine, grâce à l'heureuse initiative de
P. H. Loyson, le sympathique directeur des
Droits de l'Homme, les jeunes radicaux ont
abordé et discuté tout un magnifique programme de défense et d'action républicaines et de réformes sociales.
Ce Congrès, nous sommes heureux de le
dire, a obtenu un succès qui a dépassé toutes les espérances. Rarement, croyons-nous,
on entendit dans des réunions politiques défendre avec autant d'éloquence et de passion les plus nobles et les plus généreuses
idées.
Ah ! certes, les hommes politiques qui
n'eurent jamais d'autre idéal que la satisfaction de leurs appétits, les Millerand, les
Briand, etc., passèrent quelques durs instants. Jamais je n'avais encore vu flétrir
avec autant d'indignation véhémente ces

hommes de proie, corbeaux avides, qui se sont abattus sur notre pays.

La presse vénale, la grande corruptrice, elle aussi, ne fut pas oubliée. Et nous regrettons de ne pouvoir reproduire in extenso l'accablant réquisitoire qui lui fut consacré.

Ces deux journées, des 29 et 30 décembre, où le Congrès de la Renaissance républicaine tint ses assises, resteront comme un souvenir inoubliable pour tous ceux qui en suivirent les intéressants travaux.

Le Journal de Marennes
(dimanche 5 janvier 1913) :

Les lecteurs du *Journal de Marennes* ont pu lire dans ces colonnes le manifeste lancé il y a quelques mois par les « jeunes radicaux-socialistes ». Ils en ont certes retenu les idées maîtresses, tellement elles répondent aux préoccupations des consciences républicaines. Dans une langue admirable, les promoteurs de ce mouvement politique surent traduire les craintes, les dégoûts, les colères et les aspirations de la démocratie en travail.

L'action de ces « jeunes » s'est depuis lors considérablement développée. Dans le journal d'admirable tenue morale et littéraire qui est leur bulletin officiel, dans les *Droits de l'Homme*, ils mènent chaque semaine la bataille contre les puissances mauvaises et chantent à l'idéal de magnifiques couplets. Aussi tous ceux qui s'alarment du recul trop certain de l'idée républicaine, tous ceux qui, comme eux, voient le mal et y cherchent un remède, ont-ils répondu à leur appel lorsqu'ils organisèrent à Paris, le 28 et le 29 décembre, le Congrès de « la Renaissance républicaine ».

Je fus du nombre des congressistes et je vécus, durant ces deux jours, des heures singulièrement réconfortantes. A ces jeunes, s'étaient joints des anciens, dont les conseils furent entendus avec respect et reconnaissance : vieux par l'âge, ces vétérans sont restés jeunes par le cœur. Ils n'ont rien perdu de leur enthousiasme d'antan ; car, si les ans les ont courbés, si leurs jambes ont fléchi, leur conscience est demeurée inflexible, leur cœur est resté vaillant, et c'est toujours avec la même émotion qu'il bat pour la République. J'y vis notre sénateur Réveillaud, qui fut heureux de s'associer à nos travaux et qui présida une des séances. J'y vis Ferdinand Buisson, le député démocrate, l'incorruptible parlementaire à qui fut faite une ovation indescriptible. J'y entendis Paul Painlevé, député, membre de l'Institut, dont la parole cordiale et franche fit profondément impression ; Paul-Boncour, ancien ministre, bien que jeune, un des plus grands espoirs du parti républicain. Tous approuvent la formule adoptée par le manifeste : réali-

ser la République par l'éducation, par la raison, par la conscience.

Nous assistons, en effet, à une incroyable crise de scepticisme. La politique est devenue un art qui semble l'apanage des habiles à l'exclusion des honnêtes gens. Prenez un électeur au hasard ; il vous dira presque certainement que les questions économiques et sociales le laissent indifférent ; que c'est perdre son temps d'y songer, de s'y consacrer ; qu'il vaut mieux s'en désintéresser. Et ce sont les plus calmes qui parlent ainsi. D'autres fulmineront contre le régime, et, n'attendant plus rien de bon de la République, ils ne cacheront pas leur sympathie pour un chambardement d'où qu'il vienne !

Quelle est la cause de ce mal, trop aisé à constater ? Quel est son remède ? Telles sont les questions que se sont posées les jeunes radicaux. Le mal n'est pas dans le régime qui est incontestablement le meilleur, parce que le plus perfectible et le plus rationnel. Il n'est pas dans les institutions, mais dans les hommes qui les incarnent. « L'absence de conscience morale, les palinodies et les trahisons de trop de politiciens ont amené l'indifférence et la désaffection du prolétariat, puis semé dans ses rangs des ferments de rancœur et de haine. » Vérité trop évidente. Il résulta de ces constatations que le parlementarisme est tombé dans le plus profond discrédit. M. Painlevé le reconnut, non sans amertume. Jadis le titre de représentant du peuple était glorieux ou tout au moins « honorable » ; aujourd'hui, le mot de député éveille plus d'ironie que de respect. On pourrait, à son sujet, reprendre la cruelle réflexion d'un diplomate qui cachait sa qualité. Comme on s'en étonnait, il répondit : « Autrefois la diplomatie illustrait son homme ; mais tout est bien changé depuis que les sots s'y sont mis. » La médiocrité intellectuelle et surtout « l'absence de conscience morale » ont amené contre le parlementarisme cette vague de dégoût qui risque d'emporter quelque jour le régime lui-même. Dans un banquet, à Saint-Mandé, dernièrement, un bonapartiste disait : « Ne perdons plus notre temps à attaquer le Parlement, les parlementaires suffiront à la tâche. »

Le mal est grand ; mais le remède est à côté du mal. Il faut rendre aux principes l'empire qu'ils ont perdu. Paul-Boncour, en un discours admirable de vigueur et de logique, a démontré que c'est au sein même des partis qu'il faut faire porter le premier effort. Il faut constituer des partis solides, homogènes, disciplinés. Il faut y remettre en honneur les vertus politiques dont s'honoraient nos pères et dont aujourd'hui l'on se moque : la sincérité, la probité, la loyauté. Il faut avoir un programme nettement défini ; il faut s'appliquer à un recrutement circonspect et n'hésiter jamais à se séparer de ceux qui défaillent.

Ces idées prévalurent au sein du Congrès qui contesta, non point le droit à l'évolution désintéressée, mais le droit à la trahison. Bien que ces principes soient d'une élémentaire moralité, ils tranchent tellement avec ce qu'on voit communément pratiquer, qu'il était bon que cela fût dit et proclamé en ce Congrès de la « Renaissance républicaine », dont les échos, nous en avons l'assurance, ne seront pas perdus. — WILLIAM BERTRAND.

La Fraternité (4 février 1913) :

Une Pentecôte républicaine.

Telle fut la définition donnée par notre ami Paul Hyacinthe Loyson au Congrès de la Renaissance républicaine, réuni à Paris les 29 et 30 décembre.

Comme rédacteur en chef de la Fraternité coopérative, fondée par des pères de famille et des républicains de principe pour proclamer les droits de la morale dans la politique aussi bien qu'au foyer, j'avais de grand cœur donné ma signature au manifeste des « jeunes radicaux-socialistes ». Je connaissais l'ardent et généreux républicanisme des initiateurs de ce mouvement : ce ne fut pas, cependant, sans une certaine appréhension que j'allai au Congrès. Sait-on jamais quelle tournure va prendre une manifestation politique ?... Eh bien ! j'en suis revenu ébloui et enthousiasmé.

Ce n'est pas que tout y fût irréprochable. Dans notre compte rendu très objectif et très complet des débats de ces deux journées, nos lecteurs relèveront sans doute quelques affirmations qu'ils jugeront sujettes à caution. Ils pourront s'étonner de voir notre magistrature flétrie, avec une exagération qui paraissait voulue, par un orateur dont le grand souci semblait être de détourner les coups portés au garde des sceaux, le chef de la magistrature ! Ils pourront juger déplacé dans un appel à l'admirable à la conscience des jeunes, ce conseil de Lévy-Ullmann : Obéissez à la nature ! conseil qui, ne s'adressant qu'au sexe fort, condamne l'héroïque maîtrise des sens avant le mariage et justifie l'asservissement de la femme...

Ces quelques réserves faites, mon impression d'ensemble est toute de fierté et de joie. Vivre deux jours au milieu de jeunes gens convaincus, ne consentant pas que le soleil de la République soit éclipsé par l'assiette au beurre, ronde, elle aussi, sans doute, mais parfaitement terne et opaque ; les voir s'insurger avec une indignation superbe contre toutes les formes de l'immoralité, lancer d'audacieux anathèmes contre les puissants du jour devant lesquels les foules trop souvent aveugles se prosternent, percer à jour les puissances occultes de l'arrivisme, du clergé, de la finance qui sabotent la République, faire enfin leur examen de conscience et se consacrer publiquement, d'un serment solennel à la cause sacrée du peuple, des travailleurs et des déshérités. Voilà ce qui évoque les grandes journées de 89 et ce qui vous retrempe pour les batailles contre toute réaction, tout égoïsme et toute malhonnêteté.

Le Congrès s'est prononcé contre l'apaisement. Entendez par ce mot l'apaisement en face du cléricalisme qui lui, ne s'apaise jamais, l'apaisement du trop fameux article 1, soumettant les neuf dixièmes des Français à la crosse des bons évêques. Entendez, aussi, l'apaisement des consciences qui osent sommeiller après d'impudentes trahisons ou devant les responsabilités sociales pesant sur chaque citoyen. Mais comme vous pensez bien, un congrès provoqué par le journal les Droits de l'Homme, organe de « l'Union de libres penseurs et de libres croyants pour la culture morale », ne pouvait pas être sectaire, et les orateurs « inapaisés » se sont montrés capables d'apaisement philosophique.

Alors que certains orateurs se posèrent en athées, comme ils en avaient le droit incontestable, Loyson fit frénétiquement applaudir des envolées spiritualistes dignes du grand lutteur, du grand vainqueur que fut son père.

Et Lévy-Ullmann a célébré à la fois les stoïciens s'ouvrant les veines, les réformés montant pour leur foi sur les bûchers, les républicains tués sur les barricades. Les ailes des moulins qui préparent le pain de la démocratie sont actionnées par des vents venus de divers horizons. Les « jeunes radicaux-socialistes » professent que tous ces souffles sont également légitimes, et ils ne demandent pas à la République, pour se coiffer de quelque lourde tiare, de jeter par dessus ces moulins son allègre bonnet phrygien.

Les assemblées religieuses où les âmes communient avec Dieu lui-même, se pénètrent d'idéal sublime et d'indomptables énergies, ne procurent pas plus d'exaltation austère que ne le firent ces assises. Tout chrétien, tout pasteur que je suis, je m'y sentais avec des coreligionnaires, animés de la foi du grand inspirateur des consciences. Il disait, ce prophète, méconnu de la démocratie : « Les chefs des nations les tyrannisent : mais le plus grand, le seul grand est celui qui se fait le serviteur des autres, car vous êtes tous frères. » Le Congrès n'a pas dit autre chose.

Puisque, comme l'a dit Loyson, des langues de feu sont descendues sur les « jeunes radicaux-socialistes », souhaitons, au début de l'année nouvelle, qu'à force d'abnégation, de sagesse et de courage, ils réalisent cette Renaissance républicaine, pour laquelle a été créée, pour laquelle besogne chaque semaine, depuis plus de huit ans, notre modeste coopération des idées démocratiques. — GEORGE CADIER.

Le Bulletin de l'Union des Jeunesses républicaines de France (numéro de février 1913) :

Devant un auditoire enthousiaste, la « Renaissance républicaine » a tenu son Congrès. Des rapporteurs minutieux et habiles examinèrent avec soin la doctrine du parti radical. Puis des orateurs de talent parlèrent : Le parti radical a-t-il tenu les promesses qu'il fit autrefois ? Oui, dirent les uns. Non ! prouvèrent les autres ; des membres de ce parti renient aujourd'hui leurs doctrines d'hier, abandonnant derrière eux un fardeau trop lourd pour des épaules accrollées à Capoue. Mais les jeunes sont là. Ils somment les autres de revenir en arrière. Ils sauront porter le fardeau tout seuls si personne ne répond à leur appel. Car ils sont forts, et rien n'a pu les corrompre encore. Ils triompheront de la crise de la démocratie. Vive la « Renaissance républicaine ! » Ralliez-vous à elle. Sur son étendard est le signe sacré : l'idéal républicain régénéré, pur comme au premier jour.

Il nous est impossible de reproduire tous les articles qui ont été consacrés à la Renaissance républicaine. Ceux que nous publions permettront de voir comment elle a été accueillie par les hommes et par les partis.

Citons simplement en les remerciant les noms de quelques-uns de nos confrères qui ont entretenu leurs lecteurs de notre mouvement :

Le Matin, La Lanterne, L'Humanité, Le Rappel, La Bataille, La République, Le Soleil, Le Journal du Loiret, La Petite République, L'Aurore, Paris-Journal, L'Événement, L'Action Française, L'Avenir d'Arras et du Pas-de-Calais, L'Express de l'Ouest, L'Éclaireur de Nice, Le Républicain, d'Orléans, La Petite Gironde, Le Réveil du Châtillonnais, La République de l'Oise, Le Boulonnais, Le Progrès de la Somme, La Dépêche, de Brest, Le Socialiste Nivernais, Le Républicain, de Vitry-le-François, Le Nouvel Avenir, de Brest, Le Petit Bleu, Le Télégramme, du Pas-de-Calais, Le Journal de Roubaix, La Tribune, de Saint-Étienne, La République du Var, Le Quotidien, d'Avignon, Le Petit Courrier, d'Angers, L'Indépendance Bretonne, de Saint-Brieuc, La Dépêche Algérienne, Le Journal de Saône-et-Loire, La Dépêche Tunisienne, Le Journal de l'Indre, L'Avenir du Puy-de-Dôme, Le Mémorial de la Loire, Le Grand National, Le Populaire, de Nantes, La France de Bordeaux, Le Courrier du Centre, Le Progrès de la Côte-d'Or, Le Cantal Républicain, L'Avenir de la Dordogne, Le Petit Sou, Le Petit Caporal, La Liberté du Sud-Ouest, La Tribune d'Orléans, La Frontière, de Belfort, Le Clairon Républicain, de Guingamp et de Tréguier, Le Bulletin officiel du Parti radical et radical-socialiste.

LE GROUPE DE LA RENAISSANCE RÉPUBLICAINE

Après le congrès triomphal des 29 et 30 décembre dernier, il a paru aux organisateurs qu'ils devaient tenter de grouper d'une manière permanente toutes les bonnes volontés républicaines qui se sont manifestées pendant ces deux jours. En dehors de tout parti actuellement constitué ils viennent donc de créer le groupe de la Renaissance républicaine. Ils espèrent que tous les démocrates soucieux des destinées de la vraie République voudront travailler avec eux à l'œuvre si nécessaire de Renaissance républicaine.

Adresser les adhésions et la correspondance aux Droits de l'Homme, 110 rue du Bac, Paris.

www.ingramcontent.com/pod-product-compliance
Lightning Source LLC
Chambersburg PA
CBHW060746280326
41934CB00010B/2378